ENTRE A FÉ E A RAZÃO: O AMOR

EDITORA EME

Solicite nosso catálogo completo, com mais de 350 títulos, onde você encontra as melhores opções do bom livro espírita: literatura infantojuvenil, contos, obras biográficas e de autoajuda, mensagens espirituais, romances palpitantes, estudos doutrinários, obras básicas de Allan Kardec, e mais os esclarecedores cursos e estudos para aplicação no centro espírita - iniciação, mediunidade, reuniões mediúnicas, oratória, desobsessão, fluidos e passes.

E caso não encontre os nossos livros na livraria de sua preferência, solicite o endereço de nosso distribuidor mais próximo de você.

Edição e distribuição

EDITORA EME

Caixa Postal 1820 - CEP 13360-000 - Capivari - SP
Telefones: (19) 3491-7000 | 3491-5449
Vivo (19) 99983-2575 | Claro (19) 99317-2800
vendas@editoraeme.com.br - www.editoraeme.com.br

Rubens Molinari

Entre a Fé e a Razão: o Amor

Capivari-SP
- 2018 -

A Editora EME mantém, ainda, o Centro Espírita "Mensagem de Esperança" e patrocina, junto com outras empresas, instituições de atendimento social de Capivari-SP.

1ª reimpressão - novembro/2018 - de 2.001 a 3.000 exemplares

CAPA | André Stenico
PROJETO GRÁFICO E DIAGRAMAÇÃO | Marco Melo
REVISÃO | Editora EME

Ficha catalográfica

Molinari, Rubens, 1927
Entre a fé e a razão - o amor / Rubens Molinari - 1ª reimp. nov. 2018 - Capivari, SP: Editora EME.

1ª ed. maio 2018
192 p.

ISBN 978-85-9544-057-9

1. Espiritismo. 2. Ensaio sobre a fé e a razão. 3. Amor, sublime sentimento. 4. O poder da fé.
I. TÍTULO.

CDD 133.9

SUMÁRIO

1

A ARTE DE AMAR

ESTE PEQUENO ESCRITO, pelo seu título, poderia ser mal interpretado ou confundido com mais um ensaio sobre o velho e batido tema sexualista. Não, ele não é nada disso, mas um pequeno exercício sobre o verdadeiro amor, o "amor plenitude". Talvez pudesse ter escapado da tão humana associação entre amor e sexo, pela utilização de um quase-sinônimo do amor: caridade, equivalente de amor assexuado, quando a pequena análise poderia ter sido chamada "Como praticar a caridade".

Entretanto, preferiu-se utilizar a palavra amor, pois foi e é essa palavra, aquela longamente utilizada por Jesus e por seus verdadeiros seguidores, os quais souberam e sabem viver o amor-pleno. Não obstante ser o amor verdadeiro, verdadeira caridade escapou-se desse vocábulo porque ele é, com frequência, entendido como amor menor, resto de amor, falsamente praticado ao se ajudar o próximo com migalhas.

Como amar integralmente? Respondeu o Mestre

com seu contínuo exemplo, ao ensinar, consolar, auxiliar e tratar dos necessitados, servindo sempre. A resposta dada é de chocante simplicidade: Amar é servir!

E assim, seus verdadeiros e fiéis seguidores continuaram amando, como aprenderam com Jesus, desde aquela época e pelo tempo afora.

Seria o amor propriedade dos cristãos? Não, o amor é universal e de todos os povos e crenças, de todas as épocas, escapando dos limites de credos e, até de mundos.

Como precioso e belo fecho para este minúsculo ensaio foi escolhido um minipoema sobre o amor-serviço, de título "Eu dormia", título que esconde seu profundo conteúdo. Seu autor é um nobre hindu, nobre em duplo sentido, pois foi, assim, agraciado pela coroa britânica. Também humilde embora Prêmio Nobel e, mais ainda patriota e idealista profundo - Rabindranath Tagore! Essa preciosa pérola é:

Eu dormia e sonhava
que a vida era alegria.
Despertei e vi
que a vida era serviço.
Servi e vi
que o serviço era alegria.

Sem querer perturbar a delicada emoção dessa poesia, creio que o serviço, como expressão de amor verdadeiro, é sobejamente recompensado pela ação reflexa que desencadeia. Além da alegria e da paz proporcionada, o serviço é beneficiado pelo "e muito mais lhe será dado em acréscimo", como se o próprio amor já não bastasse!

Red Miller, Ps., NIP.
Centro Espírita Solatoriano
Heliópolis-SP

2

A FÉ E A RAZÃO

DAS DENOMINADAS VIRTUDES teologais - fé, esperança e caridade - a fé é a menos vivenciada pelos homens. Entretanto é aquela da qual Jesus afirmou que, se dela tivéssemos uma pitada que fosse moveríamos até montanhas com o pensamento.

Que é a fé?

É acreditar com confiança e com presumida certeza na realização de alguma coisa ou no atingir um determinado fim ou na veracidade de dada proposição.

Assim pode-se ter fé em nós mesmos, em outras pessoas, em proposições religiosas, em Deus e em um sem-número de coisas, sejam racionais ou não.

Num crescendo, da fé em si ou em pessoas, da fé em coisas, segue-se pela fé religiosa até a fé pura, não sectária, mas racional e lógica, que é a certeza, a confiança segura que se tem no amor, na misericórdia e na justiça de Deus.

E a razão o que é?

É o instrumento mais seguro que o homem recebeu de Deus para descobrir a verdade; é uma faculdade superior destinada a esclarecer-nos sobre todas as coisas; a razão humana é patrimônio do espírito refletindo a Razão Eterna.

Como as demais faculdades a razão firma-se e aumenta seu poder penetrante pelo exercício, como conquista crescente e incessante.

Na filosofia espírita a razão é entendida como a capacidade de compreender, de discernir, de escolher e de agir de forma consciente e responsável.

Assim, racional é o que é conforme a razão e fruto do pensamento ponderado. Raciocinar é usar a razão para analisar as coisas e conhecer.

Entre os humanos há pessoas que nada ou pouco acreditam em coisas fora de si mesmas ou além da matéria. Talvez tenham sido enganadas muitas vezes, ao longo de suas inúmeras reencarnações pela fé imposta em proposições religiosas que a razão dificilmente poderia aceitar; ou enganadas, ludibriadas e exploradas em sua boa-fé. Em nossa memória espiritual ainda guardamos cenas de violência e até de desencarnes pela fogueira por não se aceitar dogmas ou "verdades" irracionais.

Em suas peregrinações evangélicas Jesus falou muitas vezes sobre a fé e nela alicerçou muito dos seus feitos extraordinários e de suas curas notáveis, enquanto nos trazia conhecimentos para nos libertar da ignorância, abrindo-nos as portas do reino de Deus.

Dezoito séculos depois o espiritismo trouxe-nos novas verdades espirituais, lógicas e racionais reavivando-nos nos ensinos do Cristo, escoimadas dos erros que os homens nelas introduziram, ao longo desses séculos, muitos dos quais vividos em densas sombras impostas pelo dogmatismo e por interesses menores. Voltamos, assim, a respirar os ensinos e exemplos de Jesus em sua pureza original, reavivando-nos a fé nas verdades por ele trazidas.

O terceiro livro da codificação, *O Evangelho segundo o Espiritismo*, de Allan Kardec, contém todo um capítulo (XIX) sobre a fé. É dessa fonte que iremos basear o restante desta pequena exposição.

Kardec fez um precioso resumo da fé escrevendo: "A fé é o maior tesouro da alma; é o que nos eleva em direção a Deus; é a luz que ilumina nossos destinos; é a sabedoria que enriquece nossa inteligência; é o fervor que exalta nosso coração." E condensa esses valores afirmando: "A fé é o emblema da perfeição."

Os descrentes, aqueles desprovidos de fé, sejam ateus ou materialistas, não acreditam em espíritos e, consequentemente, não creem em Deus e, menos ainda, em Jesus de quem ironizam os ensinamentos e consideram o espiritismo um amontoado de crendices e de superstições. Sem fé, que lhes ilumine a razão, é-lhes difícil, mas não impossível, trilharem o caminho do bem e do amor fraterno. Talvez não percebam que têm fé no mundo material e na vida transitória, única para eles. Assim lhes é lógico e racional buscar da vida material tudo o que ela lhes pode dar em conforto, em prazer e em vantagens; talvez lhes pareça irracional sacrificar essas vantagens e satisfações por nada, isto é, pelos outros.

A fé autêntica e racional, fé nos valores espirituais, é a causa primária da generosidade, da caridade e da esperança. É ela que conduz o encarnado aos arroubos da alma, é a luz que brilha na inteligência, dignificando o homem e elevando-o a Deus. Ter fé é ter certeza em nosso destino imortal, é guiar-nos na estrada grandiosa e iluminada que o Cristo nos deixou, caminho seguro à perfeição, ao Pai Criador.

Foi a pouca fé ou a descrença dos homens que levou Jesus a dizer aos seus discípulos: "Se tivésseis fé do tamanho de um grão de mostarda, diríeis a este sicômoro, transporta-te ao mar e ele vos obedeceria."

Em nosso idioma não há palavra menor, de uma só sílaba com duas letras somente, que mais alto fale ao coração e à inteligência.

Qual seria a nossa fé? Sim, qual é a fé das pessoas aqui reunidas? Seria a fé materializada que, de espiritual, nada crê ou aquela que pode remover até montanhas? É bem provável que nem uma e nem a outra; nossa fé situa-se entre esses extremos: uma fé raquítica que não obstante, mas graças à misericórdia de Deus, n'Ele cremos e para Ele caminhamos. De forma, ainda esquálida, também acreditamos em Jesus e na doutrina. Felizmente, como Kardec nos ensina, a fé se conquista e é adquirida pelo estudo e pelo contínuo e persistente esforço. Em resumo, a fé é fruto do conhecimento.

A fé não é mercadoria que se possa comprar, nem é dom gratuito de Deus e nem se adquire por herança. Voltamos a afirmar: a fé é aquisição do conhecimento e fruto do cumprimento dos nossos deveres de encarnados. Pode-se dizer que a fé é uma construção racional e lenta sobre o conhecimento.

Com absoluta razão afirmou Kardec: "fé verdadeira

é a que pode encarar a razão, face a face, em qualquer época da humanidade". É essa a fé que o espiritismo proporciona: fé racional, fé raciocinada.

No aspecto religioso, a fé é a crença nos dogmas particulares que constituem as diferentes religiões e todas elas têm seus artigos de fé. Nesse sentido a fé pode ser raciocinada ou cega. A fé cega nada examina, aceitando sem controle o falso e o verdadeiro, chocando-se, a cada passo, com a evidência da razão. Essa fé, levada ao excesso, conduz ao fanatismo. Baseada no erro, cedo ou tarde, desmorona.

A seguir, vamos apresentar algumas passagens evangélicas, onde Jesus mostra o valor e a importância da fé.

1. – Os dois cegos (Mt 9, 27-30).

> Saindo dali, dois cegos o seguiram gritando: "Tem piedade de nós, filho de Davi." Quando chegou em casa os cegos se aproximaram e ele lhes perguntou: "Credes que vos posso fazer isso?" Sim, senhor, responderam eles com firmeza. Então lhes tocou os olhos dizendo: "Faça-se segundo a vossa fé" e seus olhos se abriram.

Jesus sondou-lhes a fé e, sobre essa, realizou a dupla cura, devolvendo-lhes a visão. Percebe-se que a fé é o fundamento, o substrato, sobre o qual os espíritos superiores se apoiam para auxiliar os encarnados, de conformidade com sua profundidade, como no exemplo dos dois cegos. Também se percebe a necessidade da fé, ao lembrarmo-nos de que em sua terra, Nazaré da Galileia, Jesus não realizou seus feitos extraordinários ou curas registradas nos evangelhos, pela falta de fé de seus conterrâneos, pois "ninguém é profeta em sua terra". (Não confundir curas e fatos extraordinários, praticados por Jesus, com milagres. Milagre significa derrogação das leis de Deus).

2. - Pedro caminha sobre as águas (Mt 14, 25-31).

> Na quarta vigília da noite foi Jesus ter com eles, andando sobre o mar. Os discípulos vendo-o andar sobre as águas, perturbaram-se e exclamaram: "É um fantasma!" e, de medo, gritaram. Mas Jesus imediatamente lhes falou: "Tende ânimo, sou eu, não temais". Disse Pedro: "Se és tu, senhor, ordena que eu vá por cima das águas até onde estás". E ele disse: "Vem", e Pedro, saindo da barca, andou sobre as águas e foi para Jesus. Porém, quando sentiu o vento teve medo e começou a afundar, gritando: "Salva-me, senhor! No mesmo instante, Jesus estendendo-lhe a mão, segurou-o e disse: "Por que duvidaste, homem de pouca fé?"

Antes de analisar a pouca fé de Pedro, nessa passagem, vamos ver algumas particularidades dela: Na Palestina, naquela época, a noite começava com o pôr do Sol (ca. 18:00 h) e terminava com o nascer do novo dia (ca. 06:00 h) e era dividida em quatro "vigílias" de três horas cada, como faziam os militares. Então, a quarta vigília ia das 03:00 h da madrugada, às 06:00 h. Mateus fala de mar, para indicar o "mar da Galileia", na realidade um grande lago de água doce (Lago de Genesaré) de 22,5 por 12,8 quilômetros, onde os discípulos pescadores trabalhavam.

Do trecho evangélico, o ponto mais interessante e útil para nós, encarnados, é o da atuação de Pedro. Passado o susto de verem um vulto branco aproximar-se deles na escuridão da madrugada, o impetuoso Pedro pede a Jesus para ir até ele, andando sobre o lençol líquido e Jesus o atende, chamando-o. Simão Pedro sai da barca com fé firme, caminhando desassombradamente, sobre o mar, mantido pela sustentação fluídica do Mestre apoiado na fé do discípulo. Ao vacilar, com medo do inusitado que lhe mostrou o vento frio no rosto, o pescador perdeu parte da fé que o sustinha e começou a submergir lentamente. Num misto de pavor e de fé recorre novamente ao Senhor, recebendo carinhosa ajuda e admoestação pela pouca fé.

3. – O pedido de fé formulado pelos apóstolos (Lc 17. 5-8)

> E disseram os apóstolos ao Senhor: aumenta-nos a fé, mas o Senhor lhes disse: se tivésseis fé como um grão de mostarda, diríeis a esta amoreira, arranca-te e transporta-te até ao mar e ela vos obedeceria. Qual de vós, tendo um servo ocupado na lavoura ou guardando gado, quando ele voltar do campo lhe dirá: vem já sentar-te à mesa e, que, ao contrário, lhe dirá: prepara-me a ceia, cinge-te para servir-me e, depois de minha ceia tu comerás e beberás.

Sobre a primeira parte da resposta de Jesus sobre o poder da fé já se comentou. Mais importante agora é compreender como se pode ganhar e aumentar a fé, processo implícito no exemplo, dado por Jesus, sobre o trabalho do servo. A inteligência, o trabalho e o esforço levam o homem a adquirir bens na Terra. Para adquirir a fé, bem muito maior do que os haveres materiais, também são necessários a inteligência, o trabalho e o esforço. A prosperidade espiritual é uma conquista do homem obtida pelo estudo, pelo trabalho e pelas boas obras. Que disse o Mestre ao pedido dos discípulos? "Eu não posso dizer-vos que senteis já à mesa e que comais, mas que primeiramente trabalhai, preparando-me a ceia, ou seja, trabalhai, cingi-vos para servir-me, ou seja, instruí-vos."

4. – O pedido do centurião de Cafarnaum (Mt 8, 5-13).

> Tendo Jesus entrado em Cafarnaum, chegou-se a ele um centurião que rogou-lhe: "Senhor, meu servo jaz em casa paralítico, de cama, sofrendo muito". Disse-lhe Jesus: "Eu irei curá-lo", mas o centurião respondeu: "Senhor eu não sou digno de que entreis em minha casa, mas dize uma só palavra e meu servo há de sarar, porque também eu sou homem sujeito e acostumado à autoridade e tenho soldados às minhas ordens – digo a um vai ali e ele vai, a outro vem cá e ele vem, e ao meu servo faze isto e ele faz." Jesus ouvindo isso admirou-se e disse aos que o acompanhavam: "Em verdade vos digo que nem mesmo em

> Israel encontrei tamanha fé. E digo-vos também que muitos virão do oriente e do ocidente e hão de sentar-se com Abraão. Isaac e Jacó, no Reino dos Céus, mas os filhos deste reino serão lançados nas trevas exteriores, onde há choro e ranger de dentes." Então disse Jesus ao centurião: "Vai-te, e como creste, assim te será feito", e naquela mesma hora sarou o servo.

Rapidamente vejamos algumas particularidades sobre essa cidade e seu centurião: Cafarnaum era uma grande cidade da Galileia, próxima a foz do Rio Jordão, local onde João Batista pregara e onde Jesus se fez batizar pelo primo. Nessa cidade onde Jesus morou na casa de Pedro, o Mestre realizou muitas curas e feitos notáveis, embora, em certa ocasião, a dureza de seu povo levasse Jesus a criticá-la severamente. A cidade teve triste fim, pois cerca de quarenta anos após a crucificação, quando o imperador romano Tito invadiu a Palestina, ela foi arrasada, desaparecendo do mapa até que arqueólogos israelenses, em 1987, localizaram-na e escavaram suas ruínas. Pela importância geográfica da cidade, porto e rota para Jerusalém, o Império Romano localizara em Cafarnaum uma tropa regular de cem soldados, ou uma centúria, cujo comandante, por isso, era chamado centurião.

Desse centurião, que procurou Jesus para curar um seu servo, ressaltam não somente a fé, mas sua humildade, bem como sua fraternidade. A humildade mostrou-a ao procurar Jesus pessoalmente, e sua atenção para um empregado subalterno mostrou sua fraternidade. Sua exuberante fé, destacada pelo Mestre na frente do povo e dos seus discípulos, mais era certeza que fé, pois sabia, sem dúvidas, que Jesus poderia curar o serviçal mesmo a distância.

As palavras desse comandante romano foram consagradas pela Igreja de Roma, que a colocou num ponto central da cerimônia da missa: "Senhor, não sou digno de que entres em minha morada, mas dizei uma só palavra ..." Ouçamos bem - uma só palavra, dispensando a presença física. Aprendamos assim a deixar de pedir a Jesus que venha a nos servir em nossas casas para nos livrar de doenças, dificuldades e aperturas. Sigamos o exemplo do humilde e sábio centurião fazendo rogativas mais humildes, mais respeitosas e, sobretudo, com mais amor ao Mestre.

Esse centurião foi um dos precursores, entre os gentios, e já no tempo de Jesus, da universalização da fé dos hebreus num só Deus e dos ensinos de Moisés, dos profetas e de Jesus. Nessa ocasião o suposto privilégio dos judeus foi estendido a todos nós, irmãos menores do Mestre e também filhos do mesmo Pai Criador.

Nenhum dos evangelistas anotou o nome desse centurião de Cafarnaum. Em 1998 a médium Maria G. Coelho Maluf psicografou uma obra do espírito J. W. Rochester denominada *Cornélius - O centurião que viu Jesus!* Esse livro relata não somente a passagem evangélica em questão, bem como outros pontos importantes do final da passagem de Jesus entre nós e da vida do centurião.

3

VISÃO DE UM ESPÍRITA SOBRE CLONAGEM E FECUNDAÇÃO "IN-VITRO"

NA VÉSPERA DO Natal de 2004, a agência noticiosa BBC, de Londres veiculou duas notícias dignas de serem analisadas sob a ótica espírita. O jornal *The Times*, da Grã-Bretanha, ouviu a opinião de dois especialistas sobre a primeira clonagem de um animal doméstico para fins comerciais, a do gato Little Nick. A dona do animal pagou cinquenta mil dólares para ter o seu gato clonado, depois dele morrer aos 17 anos. Repórteres do *The Times* ouviram dois especialistas sobre o assunto:

1. Segundo Harry Griffin, do Instituto Roslin, na Escócia, o mesmo que clonou a ovelha Dolly, "a clonagem de um animal doméstico é uma ilusão. A clonagem não vai recriar um animal querido que morreu. Apesar do material genético do clone ser 99,5% igual ao do doador, o animal vai crescer com uma personalidade e um comportamento diferente".

2. Wayne Pacelle, presidente do maior grupo pro-

tetor dos animais dos Estados Unidos, alertou ainda para os problemas de saúde que um clone pode ter, já que a técnica "ainda não é completamente dominada pela ciência".

Se o Dr. Griffin não for espírita, certamente foi particularmente inspirado ao afirmar que na clonagem "a personalidade e o comportamento" não são duplicados, indicando claramente que o espírito do doador do material genético duplicado não é transferido à sua cópia clonada. Em suma a clonagem duplica corpos, mas não duplica espíritos.

Na fecundação "in-vitro", óvulos são fecundados por espermatozoides fora de organismos vivos e, posteriormente transferidos para úteros, onde se desenvolvem naturalmente. Sem a menor dúvida, espíritos, vindos do Mundo Espiritual, são reencarnados em ovos, quer fecundados naturalmente em úteros como naqueles transferidos para úteros após terem sido fecundados em "tubos de ensaio".

Parece-nos claro que o processo reencarnatório tanto ocorre nas fecundações naturais, com o pareamento dos pais, como na clonagem e na fecundação conduzida experimentalmente. Ainda mais, como não parece ocorrer desobediências, que seriam impossíveis, nas leis da evolução os processos acima mencionados, clonagem e fecundação "in-vitro", não deveriam ser condenadas pela doutrina espírita.

Entretanto, como sabiamente Wayne Pacelle, alertou sobre problemas de saúde dos clonados, pois "a técnica ainda não é completamente dominada pela ciência", os investigadores não deveriam se aventurar na clonagem humana, pelo menos até que as experiências em animais de laboratório demonstrem, com certeza, a segurança da duplicação. Cientistas atuais não devem repetir os erros de nossos infelizes "aprendizes de feiticeiros" do passado.

Para finalizar lembramos que as sábias e imutáveis leis do Criador aproveitam erros e, até o próprio mal, para fins úteis, e que os novos "feiticeiros" são livres e responsáveis, pelas suas experimentações. Parafraseando a sabedoria de Paulo, podemos dizer: "aos pesquisadores tudo é permitido experimentar, mas nem tudo lhes convêm ensaiar".

4

A VONTADE DE DEUS: SUAS LEIS

Amarás o Senhor teu Deus de todo o teu coração de toda a tua alma e de todo o teu espírito... Amarás o teu próximo como a ti mesmo

Jesus (Mt.22:34-40).

SENDO DEUS A "inteligência suprema e causa primária de todas as coisas", espírito absolutamente puro, como se pode amá-Lo? Jesus, seu abençoado Filho, nosso Senhor e Mestre ensinou-nos a amá-Lo, quando disse, no Pai Nosso: "Seja feita a vossa vontade assim na Terra como no Céu".

É exatamente assim que cada um de nós, seus filhos menores, pode amar a Deus, fazendo sua vontade, aqui na Terra, como a fazem no Céu os Anjos.

A vontade do Criador é santa, sábia e perfeita. Basta conhecê-la e segui-la livremente para o estarmos amando. Resta, então, conhecê-la. Esse conhecimento nos foi dado pelos espíritos da codificação da doutrina espírita ao nos ensinarem que a vontade de Deus se expressa pelas suas leis, também santas, sábias e perfeitas, além de eternas e imutáveis. São conhecidas como leis divinas ou naturais, ou ainda Divino-naturais, para indicar que são as leis da natureza estabelecidas pelo supremo Pai.

De todas as sua leis algumas podem ser seguidas livremente, obedecendo-as ou não - são suas leis morais, leis de ordem espiritual.

Além dessas leis espirituais existem leis físicas, que governam o Universo material, leis biológicas que dirigem todas as formas de vida, inclusive a de nossos corpos e muitas outras, cobrindo todo o conhecimento científico conhecido ou ainda a conhecer. Essas leis, todas de ordem física, não podem ser desobedecidas, pois são determinísticas e se cumprem no automatismo da harmonia do Universo e no automatismo da harmonia dos instintos, entre os seres vivos.

Em conjunto as leis de ordem física, propriamente ditas, regem, de forma harmônica e perfeita todo o Universo material, desde as galáxias e outras enormidades siderais até os minúsculos, mais do que submicroscópicos, átomos, elétrons, fótons e outras partículas elementares, todas derivadas do fluido cósmico universal, criação primária de Deus.

As leis morais da vida são necessárias à felicidade do homem ao lhe indicar o que deve fazer para ser feliz ou não fazer, tornando-se infeliz porque dela se afasta. A desobediência e o desacato aos seus códigos produzem o sofrimento e o desalinho do infrator, que de forma alguma consegue fugir ao reajuste produzido pela rebeldia ou insânia de que se faz portador.

Os sábios e os cientistas estudam as leis de caráter físico, que agem sobre a matéria e os filósofos e os homens de bem estudam as leis de caráter moral, que cobrem o comportamento dos espíritos encarnados ou não encarnados frente a Deus e frente aos seus semelhantes.

As leis morais foram gravadas na consciência dos homens como a assinatura do artista na sua obra. Esquecidas ou menoscabadas foram lembradas por espíritos superiores encarnados, vindo em missão, a fim de fazerem progredir a Humanidade. Por serem eternas, são de todos os tempos e foram sendo reveladas pouco a pouco, ao longo da civilização, desde o homem primitivo, passando a constituir a ética religiosa de todos os povos e de todas as nações. Legisladores, sábios e profetas têm sido os maleáveis instrumentos de que se utilizou o Pai amoroso através dos tempos, a fim de que o homem encarnado pudesse encontrar a rota segura para atingir o reino de venturas que o espera.

Dentre todos os missionários de Deus o mais perfeito é Jesus, que ensinou as verdadeiras leis morais de Deus, reunindo todos os ensinos anteriores. Como seu ensino foi, frequentemente, alegórico e restrito à inteligência e à compreensão dos homens a quem falava, prometeu em sua despedida dos apóstolos, no Cenáculo, a vinda de espíritos superiores, no futuro, para em linguagem clara e sem equívocos, trazerem novamente o conhecimento dessas leis e de tudo o que ensinou, com o restabelecimento de toda a sua doutrina evangélica em sua pureza.

Como foi dito o conhecimento é progressivo. Desde nossa fase pré-histórica, passando pelas primeiras civilizações, seguindo o ensino dos profetas e sábios de todas as culturas, prosseguindo pelo iluminado período evangélico e chegando à codificação da doutrina espírita, o conhecimento sobre as leis de Deus e sobre o mundo espiritual foi, pouco a pouco, sendo construído entre os homens pelo comando seguro de Nosso Senhor Jesus, sempre obediente à vontade do Pai celeste.

Entretanto, o conhecimento total da verdade ainda não está ao nosso alcance, pois ainda continuamos, neste planeta, como crianças espirituais em processo de evolução e de crescimento rumo à perfeição, com inteligência e capacidade de compreensão proporcionalmente pequenos. Como somos imortais, como reencarnaremos muitas vezes e como Deus não tem pressa em seu amor e misericórdia, chegaremos lá!

Nesta introdução geral em busca do conhecimento da vontade de Deus também é útil que se analise o problema moral do bem e do mal. A inteligência que nos foi dada pelo Criador, aliada às suas leis insculpidas em nossa consciência, permite-nos distinguir claramente o bem do mal e perceber que o bem é consequência da obediência dessas leis e que o mal é o afastamento ou o repúdio a elas. De novo dizemos, em poucas palavras, que a vontade de Deus é que façamos o bem em tudo o que fizermos e que nossas ações sejam úteis e boas a nós mesmos e aos outros. Para fazer o bem aos outros basta seguir uma das regras de ouro de Jesus: "Faça aos outros o que queres que os outros te façam" e para fazer o bem a si próprio, seguir outra dessas regras: "... amar o próximo como a si mesmo".

Vamos agora, de forma resumida, apresentar pontos importantes sobre as dez leis morais de Deus, tomados da obra básica do espiritismo, *O Livro dos Espíritos*, em sua parte terceira, como indicado na epígrafe.

Lei de adoração

A adoração é a elevação do pensamento a Deus, quando por irresistível atração, nos aproximamos d'Ele espiritualmente e nos defrontamos com o Criador, nosso Pai e Deus de amor, de misericórdia e de justiça.

Embora existam pessoas descrentes e ateias, nenhum povo, em seu conjunto, é ateu, o que os leva a adorarem naturalmente Deus, ainda que sob formas diferentes.

A verdadeira adoração dispensa manifestações exteriores, pois é fruto do pensamento e do coração em suas expressões verdadeiras, sinceras e espirituais.

Voltamos a dizer que a Deus se ama fazendo-lhe a vontade ou seguindo suas leis as quais nos induzem a fazer o bem e a evitar o mal, tanto para nós mesmos como para nossos irmãos. Quem tem apenas a piedade aparente é hipócrita e quem adora na aparência e em contradição com sua conduta, somente está dando mau exemplo.

Aquele que respeita as crenças dos outros, em matéria de culto religioso, procede bem e melhor do que aquele que ridiculariza e critica crenças e práticas, faltando com a caridade. Aquele outro que pratica esses cultos por mero interesse pessoal ou por ambição é desprezível frente aos homens e frente a Deus.

A adoração coletiva ou em grupo pode ser proveitosa quando a comunhão de pensamentos e de vibrações elevadas permitir uma maior comunhão com os bons espíritos, unindo as pessoas em oração mais firmemente ao Criador. Não se entenda por isso que a oração pessoal ou particular seja de menor valor.

Aqueles que se isolam do convívio social para só pensar em Deus e fugir do mal do mundo levam vida inútil, pois não fazem o bem, o que já é um mal em si. Deus nos dá a todos deveres no mundo e na vida social, dos quais não se deve fugir a pretexto de servi-lo. O isolamento e essa dedicação é toda pessoal, egoísta e inútil para a humanidade.

A prece é um ato de adoração. Orar a Deus é pensar n'Ele, é aproximar-se d'Ele, é colocar-se em comunicação espiritual com Ele. Assim a oração nos é profundamente útil e benéfica e, como a adoração, deve ser de coração e espontânea de preferência. Nas orações costuma-se pedir muito, louvar menos e raramente agradecer a Deus, o que seu amor generosa e continuamente nos dá amparando-nos e protegendo-nos.

O essencial não é orar muito, mas orar bem. Boas ações são as melhores preces, porque atos valem mais do que palavras.

As preces não podem mudar os desígnios de Deus, pois suas leis são imutáveis. Não há milagres! Nossas provas estão em suas mãos e devem ser vividas com resignação. A prece pode, nesse caso, trazer-nos força e coragem para suportá-las, muitas vezes trazendo-nos o amparo de bons espíritos

Pedidos justos são mais atendidos do que supomos: desejamos milagres e Deus nos atende por meios naturais, os quais atribuímos ao acaso e à sorte.

Lei do trabalho

O trabalho é uma lei natural aplicável a todos os espíritos e, portanto, para todos os seres vivos. Toda ocupação útil é trabalho, desde o mais simples trabalho material ao mais elaborado trabalho intelectual. Desde os seres mais simples, que lutam para sobreviver, até os espíritos superiores colaborando na obra do Senhor, todos trabalham.

A função primordial dessa lei é o desenvolvimento da inteligência e ela é estimulada a crescer nas atividades que a sobrevivência impõe aos seres vivos e na luta para a preservação da espécie, auxiliando os semelhantes.

Tal como os homens os animais trabalham, mas limitados pela sua inteligência incipiente e voltados basicamente para a sobrevivência, quando inconscientemente colaboram nos planos de Deus para a evolução geral dos seres e dos mundos.

A natureza do trabalho é relativa à natureza das necessidades, tanto as naturais como as necessidades criadas pela civilização. Em mundos nos quais as necessidades são menos materiais, menos material é o trabalho, embora os homens evoluídos desses mundos nunca fiquem ociosos ou se tornem inúteis.

A ociosidade é sempre inútil e nunca um benefício ou um prêmio.

Se o homem a quem Deus distribui bens suficientes não se encontra obrigado a se sustentar com o suor de seu rosto, a obrigação de ser útil ao seu semelhante, de aperfeiçoar sua própria inteligência, bem como a dos outros, é tanto maior quanto as oportunidades que surjam para fazer o bem com o adiantamento ou empréstimo de bens materiais que Deus lhe faz.

Contrariam a lei do trabalho os que, voluntariamente, tornam suas existências inúteis, vivendo às custas do trabalho alheio. Não há ninguém realmente impossibilitado de trabalhar, bastando tornar-se útil conforme suas limitações e aptidões.

Dentro da lei do trabalho devemos incluir a lei do repouso ou o direito ao descanso para a reparação das forças, bem como dar tempo à liberdade da inteligência para a busca de valores acima da matéria. O limite do trabalho é o limite das forças, mas somos livres para nos situar numa posição adequada entre o ócio inútil e o exagero, que torna o trabalho uma compulsão ou um mau hábito, desviando-nos da utilidade e da caridade.

Embora o trabalho escravo não mais exista legalmente, há aqueles que abusam de seus poderes para impor trabalho excessivo a irmãos inferiorizados, transgredindo tanto a lei de Deus como a humana e sujeitando-se a expiações igualmente penosas como o trabalho imposto e explorado.

Seria também a aposentadoria ou o repouso na velhice um direito natural?

Sim, mas respeitando limites de idade, porque o repouso remunerado na velhice é para quem trabalhou bastante tempo e não para pessoas ainda relativamente jovens e capazes. Pessoas idosas não acobertadas pela seguridade social, devem ser auxiliadas pela lei de caridade, quando os fortes ajudam os fracos, tanto no seio da família como em sociedade. Pais idosos e desvalidos devem ser auxiliados pelos filhos como estes o foram em sua infância.

Lei de reprodução

O equilíbrio das populações dos seres vivos é estabelecido por duas leis naturais: a lei de reprodução e a lei de destruição. A lei de reprodução, auxiliada pela lei de conservação, fornece novos indivíduos vivos para balancear os que morrem ou desaparecem, conforme a lei de destruição.

Em termos espíritas dizemos que a reprodução permite a reencarnação de espíritos, promovendo o aumento da população de dada espécie, que é contrabalançado pela desencarnação de um número equivalente de indivíduos da mesma espécie, mantendo assim o equilíbrio. Percebe-se, então, que a lei de reprodução se aplica a todos os seres vivos, incluindo-se nela, naturalmente, os humanos.

O equilíbrio das populações não é matematicamente mantido pois, ao longo de adequada escala de tempo, suficientemente longa, há espécies ou raças que desaparecem (extinção) e outras que surgem, como frutos da evolução biológica das espécies.

O aperfeiçoamento genético de raças animais e de linhagens vegetais, tanto pelo cruzamento dirigido como pela manipulação genética pode ser aceita desde que o homem venha a ser um instrumento inteligente nas mãos de Deus, para promover o progresso da vida encarnada no caminho da evolução. Se o trabalho genético do homem visar somente seus interesses materiais ou subalternos, a manipulação não é válida.

Deus deu ao homem, sobre todos os seres vivos, a inteligência, um poder que deve usar para o bem e não para o mal. Assim, a reprodução de animais e de vegetais pode ser regulada conforme necessidades racionais, e não egoísticas. Essa ação inteligente pode tornar-se um contrapeso, dirigido pela Providência, para equilibrar as forças da natureza, desde que não se torne, pela incúria humana, desastres ecológicos.

Quanto à reprodução dos seres humanos pode-se falar das vantagens da união monogâmica permanente, de homens e mulheres pelo casamento, verdadeiro progresso na marcha da humanidade, quando essa união veio substituir a união livre entre machos e fêmeas existente em nosso passado remoto. Também se deve mencionar que a indissolubilidade absoluta do casamento pode vir a ser mais prejudicial à família do que uma separação necessária e racionalmente conduzida, para, sem egoísmos, atender a um mal menor.

Lei de conservação

Dentre os processos regulatórios de controle dos seres vivos, dirigidos pela Providência, destacam-se o instinto de conservação dos indivíduos e o instinto de conservação das espécies.

O instinto de conservação é uma lei natural vigente em todos os seres vivos, independentemente do seu grau de evolução ou de inteligência. Para alguns é mecânico ou automático e, para outros racional. Tem por objetivo manter os seres vivos, vivos e operantes por tempo suficiente para que se processe, em cada encarnação, a evolução possível, tanto do ponto de vista material como espiritual.

Para o homem esse instinto impõe a necessidade de viver, para o que Deus provê os meios adequados, fazendo com que o planeta produza e forneça o necessário a todos. Aqui já surge o problema do necessário e do supérfluo, este último sempre condenável. Com sua inteligência o homem deve contribuir com o seu trabalho para que a Terra mantenha-se sempre produtiva como uma excelente mãe a nos dar sempre o necessário. Somente por imperícia, imprevidência e negligência, aliadas ao egoísmo, é que pode vir a faltar aos homens os meios de sobrevivência.

A Terra é sempre capaz de produzir o necessário, desde que o homem se contente com o mesmo e não desvie os meios para o supérfluo. Aí, boa parte da produção é transferida para satisfazer fantasias e sonhos egoístas, produzindo a escassez para muitos. A natureza nunca é imprevidente, embora seja disso culpada pela incúria humana, pois o homem é sempre o culpado por não saber regrar sua vida.

Os "bens da terra" não são somente os alimentos e os produtos do solo e do mar, mas tudo o que o homem pode desfrutar neste mundo. A civilização, que multiplica as necessidades naturais também pode multiplicar as fontes de trabalho e os meios de vida se souber aplicar a ciência, a tecnologia, o bom-senso e a caridade. Infelizmente ainda falta muito tempo para atingirmos essas benesses de um mundo de regeneração.

Deus deu o atrativo do prazer para complementar o instinto de conservação nos animais evoluídos e o deu ao homem também no uso e na posse dos bens materiais para levá-lo ao cumprimento de sua missão, dentro dos desígnios da Providência. Pelo que representa esse forte atrativo, Deus quer experimentar o homem por meio da tentação, que o pode arrastar para o abuso, do qual sua razão deve defendê-lo. O prazer é limitado pela saciedade ou pelo necessário, entre os animais. Só o homem procura o excesso no gozo dos prazeres naturais quando é, geralmente, castigado pelo próprio abuso. O infeliz, que pensa fazer dos excessos no prazer um refinamento, é digno de pena e não de inveja, pois assim pode colocar-se bem próximo da morte, tanto física como moral. A ânsia de buscar nos excessos o requinte de prazeres coloca-o abaixo dos animais, que sabem deter-se na satisfação de suas necessidades.

Nos homens equilibrados a satisfação das necessidades deve ficar num justo meio-termo entre excessos e as privações voluntárias e mortificações, muitas vezes inúteis e prejudiciais. A abstenção de alguns alimentos por motivos religiosos deve também ser analisada pelo bom-senso e pelas boas normas da nutrição para avaliar-se sua utilidade.

Lei de destruição

O equilíbrio populacional dos seres vivos é proporcionado pela ação simultânea de três leis naturais: a de reprodução, a de conservação e a de destruição.

Essas leis em conjunto promovem, a primeira, o renascer e o regenerar de um lado, a segunda a manutenção, e a terceira a destruição ou a morte dos seres vivos, pelo outro lado. Juntas elas estabelecem um contínuo processo de transformação e reciclagem dos materiais biológicos dos corpos dos seres vivos.

Os instrumentos de que a Providência também se serve para a manutenção desse equilíbrio são os próprios seres vivos. Estes se alimentam uns dos outros na cadeia regeneração-destruição.

No processo destrutivo somente os corpos são destruídos e não a parte essencial, o princípio inteligente, já espírito nos seres superiores e no homem. A destruição é planejada para ocorrer no tempo adequado para cada espécie; se antecipada, a destruição dos corpos, prejudica o desenvolvimento do princípio inteligente, que deve experimentar integralmente cada encarnação.

Assim o homem deve procurar viver todo o tempo que o Criador lhe destinar, para cumprir sua tarefa, amando a vida, fugindo, com todos os seus recursos, dos perigos que lhe ameaçam a integridade e aproveitando, integralmente, o tempo que o Pai lhe concede para, colaborando com Ele, evoluir.

À medida que o espírito humano evolui com o desenvolvimento intelectual e moral, sobrepondo-se à matéria, surge nele repulsa à destruição.

Ao homem é permitida a destruição limitada de vegetais e de animais, destinados à sua alimentação e à boa economia. O abuso dessa permissão nunca foi um direito, mas uma falta contra a natureza. Por isso a destruição abusiva é condenada por Deus.

O Criador, ocasionalmente, se utiliza dos chamados flagelos naturais destruidores para acelerar o progresso de populações estagnadas bem como para promover modificações e melhoria no meio ambiente. Somos impressionados pelo elevado número de mortes que podem ocorrer nos flagelos, esquecendo-nos de que a morte tanto pode chegar dessa forma como por outra causa qualquer, chegado o seu tempo previsto nas leis de Deus. Se nos fosse possível elevar-nos, pelo pensamento, para observar toda a humanidade de uma forma global, verificaríamos que os flagelos não passam de tempestades passageiras e localizadas. Devemos ainda não nos esquecer que Deus nos dá, pela nossa inteligência, cada vez mais, meios para prever, prevenir e evitar flagelos naturais.

Existem flagelos não naturais, como as guerras por exemplo, que são causadas pela predominância da natureza selvagem, que ainda acompanha a humanidade, como pelo egoísmo de grupos e pelo orgulho de povos. Felizmente esses flagelos bem como outros causados pela ação predatória e imprevidente do homem sobre o meio ambiente tendem a desaparecer com o crescimento da inteligência e da bondade, levando os homens a uma civilização fraterna, na qual existirá, mais fortemente, o amor entre eles, bem como entre eles e seus irmãos menores.

Lei de sociedade

O homem foi criado, em sua longa evolução, para viver em sociedade. Para isso recebeu do Criador tanto a linguagem como outros atributos necessários ao relacionamento gregário com seus irmãos, que se destina ao crescimento pessoal como ao progresso mútuo, na sociedade.

Nenhum homem possui todos os conhecimentos acumulados pela humanidade até sua época; para completá-los, dentro de suas necessidades, precisa obtê-los de outros homens, pelas relações sociais, quando todos se beneficiam pela reunião de conhecimentos.

É dessa maneira que o viver em sociedade assegura a todos o bem-estar e permite o progresso, sendo essa a razão pela qual Deus nos fez seres gregários ou sociais.

O isolamento embrutece e enfraquece o homem, razão pela qual o mesmo, por motivos religiosos, não é útil e não acrescenta valores morais ou espirituais além de ser egoísta, como já vimos.

Os laços sociais, que unem fraternalmente os irmãos em sociedade, são iniciados pelos laços familiares e se tornam mais estreitos pelo exercício do convívio familiar, que é, além de útil, decorrente de lei natural e não mero resultado de costumes sociais.

Lei do progresso

Essa lei é uma das mais fortes determinações do Pai Eterno, porque visa o crescimento evolutivo dos espíritos desde sua criação até seu destino final: a perfeição.

O progresso, por isso também chamado evolução ou crescimento espiritual, envolve sempre duas ordens complementares de aquisições: o progresso intelectual e o progresso moral.

O progresso assim completo, meta da evolução, só é alcançado passo a passo. Está vindo do passado remoto, pela aquisição da consciência de si e do conhecimento do bem e do mal, seguido do crescimento da inteligência e desembocando no ganho do livre-arbítrio. Com esse e com a vontade passamos a colaborar com a Providência na conquista do progresso. O crescimento moral, que deveria acompanhar o conhecimento, nem sempre ocorre paralelamente com este; costuma ficar para trás devido ao uso, frequente, dos conhecimentos e da inteligência para o mal. Somente com o passar do tempo é que a moralidade alcançará o conhecimento e, somente em mundos superiores o ultrapassará.

Sendo o progresso uma condição inseparável da natureza humana, ninguém tem o poder de se opor a ele, que avança de forma ainda lenta e mais como decorrente da "força das coisas" do que pelo desejo dos homens e dos povos. Como já vimos no exame da lei de destruição, algumas vezes esse lento progredir, se muito lento, é acelerado pela Providência, pelos abalos físicos ou morais dos flagelos. Revoluções morais e sociais se infiltram, pouco a pouco, nas ideias, germinando, às vezes por longo tempo, até explodirem fazendo desabar o edifício apodrecido do passado, colocando-o em harmonia com novas necessidades e aspirações. Nessas transformações, alguns homens percebem somente a desordem e a confusão momentâneas que atingem seus interesses materiais; porém aquele que eleva o pensamento acima dos interesses pessoais, admira os desígnios de Deus, que do mal faz surgir o bem. É a tempestade que purifica a atmosfera após a perturbação.

Vamos encerrar esse assunto com a indicação de que os maiores obstáculos do progresso moral são o egoísmo e o orgulho, velhos inimigos ardentemente combatidos por Jesus nos evangelhos e nos seus exemplos.

Lei de igualdade

Todos os homens, sem distinção alguma, são iguais diante de Deus. Todos tendem ao mesmo objetivo de perfeição; todos são igualmente governados pelas mesmas leis naturais; todos nascem igualmente, com as mesmas fraquezas e sujeitos às mesmas dores; seus corpos, tanto de ricos como de pobres são destruídos igualmente. Portanto, Deus não deu a nenhum homem superioridade natural, nem pelo nascimento e nem pela morte; sem exceção todos são iguais frente a Ele.

Dentro da mais perfeita justiça, Deus cria todos os espíritos iguais, como nos criou iguais, no passado;

mas como cada um viveu mais ou menos tempo desde então, teve a oportunidade de adquirir mais ou menos experiência; igualmente possuindo maior ou menor força de vontade para progredir, dentro da liberdade de cada um, aperfeiçoaram-se, alguns, mais rapidamente que outros, adquirindo maiores conhecimentos e aptidões sem, entretanto, terem adquirido direitos distintos, mas recebendo, de forma justa, a obrigação de ajudarem-se mutuamente, de completarem-se harmonicamente, suprindo, os mais capazes, aos menos evoluídos.

Seguramente há desigualdades sociais, desigualdades de riquezas, desigualdades nas dores e nos sofrimentos e muitas outras que são consequências das ações presentes e passadas dos encarnados e não injustiças de Deus, pois Ele nos trata com igualdade no amor e na misericórdia.

Homens e mulheres são iguais perante Deus, pois possuem os mesmos direitos e responsabilidades essenciais, por serem espíritos igualmente livres, embora encarnados em corpos masculinos e femininos. Se, em nosso mundo, ainda há mulheres inferiorizadas em alguns países e em algumas culturas, o tratamento errado decorre do domínio injusto e cruel que homens impuseram a elas.

Lei de liberdade

A liberdade nos foi dada pelo Pai na forma do livre-arbítrio. Frente a Deus todos os espíritos são iguais e livres, donde decorre a liberdade de pensamento e a liberdade de ação. Entretanto, não há liberdade absoluta: fisicamente somos limitados pelas leis físicas, que são coercitivas e, moralmente, somos limitados pela mútua dependência, uns dos outros, bem como pelo respeito devido aos direitos dos outros.

A criatura não é fatalmente conduzida ao mal, pois este é livremente aceito ou rejeitado, da mesma forma que podemos livremente escolher o bem ou não. Além disso, os atos praticados não estão antecipadamente determinados e nem os crimes cometidos resultam de sentenças do destino. Sem o livre-arbítrio o homem não teria nem culpa pela prática do mal e nem mérito pelo bem realizado. Em poucas palavras diz-se, corretamente, que não há fatalidade nos atos da vida moral.

Lei de justiça, de amor e de caridade

No homem o sentimento de justiça é inato. O progresso moral desenvolve esse sentimento, mas não o cria, pois foi Deus que o colocou no coração humano.

É por isso que esse belo sentimento é encontrado nos homens simples e já existia nos homens primitivos. Homens simples, muitas vezes, possuem noções mais exatas da justiça do que homens cultos ou requintados.

À essa lei natural misturam-se, frequentemente, paixões que alteram não somente o sentimento de justiça como a maior parte dos bons sentimentos.

A justiça consiste no respeito aos direitos de cada um, tanto os naturais como os derivados da lei humana.

Nossas leis humanas atuais, ainda imperfeitas são, no entanto, bem superiores e melhores que as leis da Idade Média, por exemplo.

A base de toda a justiça é a regra de ouro formulada por Jesus: "Não façais aos outros o que não quereis que vos façam", repetida uma vez mais.

O desejo universal de ver respeitados seus direitos decorre, no homem, da implantação em sua consciência da lei natural de justiça. Em todos os tempos e em todas as crenças o homem procura fazer valer seus direitos pessoais. A sublimidade da religião cristã foi tomar o direito pessoal por base do direito do próximo. O verdadeiro justo, a exemplo de Jesus, é aquele que, além da justiça, pratica a caridade e o amor ao próximo. Sem amor não há justiça.

Entre alguns direitos fundamentais citamos o direito de viver e de preservar a vida sem atentar contra a vida do semelhante. Outro mais é o direito de propriedade, decorrente de se ter o necessário para viver e repousar, desde que adquirida por trabalho ou outros meios honestos. Só é legítima a propriedade que foi adquirida sem prejuízo de ninguém.

Os direitos humanos atualmente aceitos pela grande maioria das nações civilizadas encontram-se na "Declaração Universal dos Direitos Humanos", aprovada pela Assembleia Geral de 10/12/1948 da Organização das Nações Unidas (ONU).

Com relação à caridade o conceito que dela faz Jesus é perfeito e completo: "A caridade é benevolência para com todos, indulgência com as imperfeições alheias e perdão das ofensas". Amor e caridade são o complemento da lei de justiça, porque amar ao próximo é fazer-lhe todo o bem ao nosso alcance e que gostaríamos nos fosse feito.

Jesus não se cansou de recomendar o amor ao irmão: "Amai-vos uns aos outros como irmãos"; "Amai-vos como eu vos amei" e "Amai até mesmo aos vossos inimigos".

5

AÇÃO DOS ESPÍRITOS SOBRE OS HOMENS E SOBRE O MUNDO MATERIAL

EM MEADOS DO século XIX ainda predominavam os conceitos e as ideias estabelecidos pelas religiões majoritárias entre os povos europeus. Assim é que se acreditava numa vida única, na criação das almas entre a concepção e o nascimento, na existência do "além", para onde iam as almas pela morte, de onde não retornavam. Foi por essa dificuldade, de localização das almas após a morte, que os espíritos superiores, reveladores da doutrina codificada por Allan Kardec, esclareceram-no ao responder a sua questão 87, de *O Livro dos Espíritos*, como segue:

> Pergunta de Kardec: "Os espíritos ocupam uma região circunscrita e determinada no espaço"?
> Resposta dos espíritos: "Os espíritos estão por toda a parte; povoam ao infinito os espaços infinitos. Há os que estão sem cessar ao vosso lado, observando-

> -vos e atuando sobre vós, sem o saberdes; porque os espíritos são uma das forças da natureza e os instrumentos de que Deus se serve para o cumprimento de seus desígnios providenciais; mas nem todos vão a toda a parte, porque há regiões interditadas aos menos avançados".

Assim sendo, não há separação entre o "cá" e o "lá", ou entre o "aqui" e o "além", como localizações estanques para mortais e para os mortos. Segue que nós, homens na Terra, vivemos cercados por espíritos por todos os lados, sem disso darmos conta, pois a grande maioria dos encarnados não os vê e nem percebe sua existência. Não somente nos rodeiam como podem conhecer todos os nossos pensamentos e acompanhar tudo o que fazemos, desde que se interessem por nós, pelas nossas ações, pelos nossos anseios e desejos ou pela natureza de nossos pensamentos. Caso haja algum interesse por parte deles, nem atos e nem pensamentos podem ser dissimulados para eles. Por vezes, ao nos julgarmos bem escondidos, temos uma multidão de espíritos que nos veem, observando nossos atos.

Espíritos de pequena elevação podem divertir-se com as pequenas peças que nos pregam, zombando de nossa impaciência e de outros defeitos nossos. Os espíritos sérios buscam nos ajudar e lamentam nossos erros, os quais são aplaudidos e estimulados pelos espíritos inferiores.

Esses acompanhantes invisíveis, muitas vezes, influem em nossos pensamentos e dirigem nossas ações.

Com frequência, ocorrem-nos muitos e variados pensamentos a um só tempo e sobre um mesmo assunto. Entre esses, alguns são nossos, elaborados pelos nossos próprios espíritos, mas outros podem ser intuídos ou inspirados por espíritos à nossa volta.

Um pensamento a nós passado é como uma voz que nos fala e nossos próprios são, geralmente, os que nos ocorrem de início, deixando-nos na incerteza de suas origens. Os espíritos da codificação kardecista nos ensinam que não devemos nos preocupar com essa distinção, sendo providencialmente útil não o sabermos. Nessas circunstâncias podemos agir mais livremente: se decidirmos pelo bem ou pelo bom caminho, agimos de melhor boa vontade e com mérito e, se tomarmos as más ideias, enveredando pela má estrada, seremos responsabilizados, independentemente da origem inicial do pensamento, motor do erro.

Se fosse útil ou indispensável distinguir nossos pensamentos daqueles que nos são sugeridos Deus nos teria dado meios seguros de o fazermos, como nos deu meios de distinguirmos a luz da sombra e o bem do mal. Para a primeira diferenciação temos a visão e, para a segunda, Deus nos deu a consciência.

Podemos, com facilidade, distinguir pensamentos sugeridos por bons espíritos dos pensamentos sugeridos pelos maus espíritos. Os bons sempre nos aconselham o bem e nos mostram o melhor caminho e sugerem as melhores ações. Espíritos inferiores, ditos maus, mas, na realidade espíritos ainda imperfeitos, nos induzem ao mal para nos fazer sofrer, tal como eles sofrem. Entretanto, não agem assim para diminuir seus próprios sofrimentos, mas por inveja de todos os seres mais evoluídos moralmente do que eles.

O Pai permite que espíritos imperfeitos nos incitem ao mal, servindo-se deles, como instrumentos para experimentar a nossa fé e a nossa constância no bem. Espíritos inferiores somente nos propõem o mal quando o desejamos. Mesmo assim desejando, teremos outros espíritos amigos que nos inclinarão para o bem, equilibrando as influências e deixando-nos livres para escolher. É dessa maneira que Deus deixa, à nossa consciência, a decisão da escolha e respeita nossa liberdade de ceder a uma ou a outra das sugestões contrárias que se exercem sobre nós.

Podemos afastar-nos da influência de espíritos inferiores tendo em mente que somos nós mesmos que facilitamos a eles alcançar-nos através de nossos maus desejos e por pensamentos inferiores; entretanto, com a nossa vontade firme no bem, com vigilância contínua, com fé e com confiança em Deus afastamos os espíritos imperfeitos à nossa volta. É necessária vigilância contínua, pois eles permanecem por perto, espreitando falhas ou recaídas em maus desejos. Devemos pedir, com frequência, auxílio e proteção a Jesus e a seus mensageiros, através da oração, lembrando-nos de como o Mestre nos ensinou a pedir ao Pai, "Não nos deixeis cair em tentação, mas livrai-nos do mal".

Nem Deus, nem os espíritos bons conduzem ou induzem espíritos inferiores a nos fazer mal, pois, não há missionários do mal, isto é, não existem demônios. Eles, assim, podem agir por vontade própria, mas sofrendo as consequências de suas ações. Também, ficamos sabendo, pela revelação, que eles não somente nos incitam ao mal por pensamentos induzidos como podem dirigir-nos aos objetos de nossas ambições ou maus desejos, sem que percebamos, expondo-nos, desta maneira, às tentações.

Uma forma de interferência mais intensa e duradoura, por espíritos de menor elevação, geralmente dominados pelo ódio ou rancor, é a obsessão, que pode chegar até ao domínio do obsidiado. Essa palavra - obsessão - não designa somente uma forma de interferência, mas um grupo de ações que variam de intensidade e de duração. Kardec agrupou-as em três classes: obsessão simples, fascinação e subjugação. Nesses grupos a obsessão varia, de forma praticamente contínua, entre a obsessão mais leve e a subjugação mais profunda. Mesmo nesses últimos casos, não ocorre a posse do corpo do obsidiado pelo espírito vingativo, ou "possessão", como, ainda, acreditam algumas pessoas.

Os bons espíritos se afeiçoam ou simpatizam-se com homens de bem e com aqueles que se esforçam para progredir e que lutam contra seus defeitos. Os inferiores simpatizam-se com homens viciosos ou que podem e desejam viciar-se. Em ambos os casos, os semelhantes se atraem e se reconhecem pelos seus níveis vibratórios baixos. A afeição verdadeira é essencialmente moral, nada tendo de corpórea. Espíritos inferiores também podem afeiçoar-se por pessoas que lhes lembram as paixões humanas, das quais não se desvencilharam, ou que podem pelas suas viciações fazê-los sentir as antigas sensações, ainda procuradas.

Os espíritos bons interessam-se pelos nossos infortúnios, dificuldades e sofrimentos, ajudando-nos a suportá-los com paciência e com resignação. Afligem-se com a falta dessas virtudes, especialmente quando murmuramos ou nos queixamos das provações, porque assim perdemos os benefícios espirituais que a dor e o sofrimento nos propiciam. Além da falta de resignação, nossos bons amigos espirituais lamentam muito nosso egoísmo, a dureza dos corações e todas as mazelas derivadas do nosso orgulho.

Os bons espíritos sabendo que a vida corporal é apenas transitória e que as atribulações que a acompanham são meios de conduzir os homens a um estado melhor, afligem-se mais pelas faltas morais, que podem afastar-nos desse estado, do que pelos infortúnios físicos ou materiais, que são apenas passageiros. E vendo as coisas de um ponto de vista mais justo, isto é, dentro da justiça de Deus, compadecem-se de nossos sofrimentos e quedas, como nos compadecemos de sofrimentos de entes queridos.

Os maus amigos invisíveis, espíritos inferiores e invejosos, ao contrário, procuram derrubar a nossa coragem, a nossa confiança em Deus, a nossa fé no futuro e nos incitam ao desespero e à murmuração.

Parentes amados e amigos que nos precederam no retorno ao mundo maior continuam a ter simpatia por nós e, dentro de suas posições e elevações, podem nos proteger. Sempre continuam muito sensíveis à afeição que lhes dedicamos e, somente nos esquecem se, antes, os esquecemos.

Dentre os nossos bons amigos espirituais desponta nosso espírito protetor, ou nosso anjo guardião. Ele é um espírito de ordem mais elevada, designado por Deus, para nos guiar e nos proteger, dando-nos bons conselhos, consolando-nos em nossas aflições, sustentando nossa coragem nas provas da vida e acompanhando-nos desde o berço até a morte, podendo mesmo acompanhar-nos através de várias encarnações. Quando o encarnado se faz continuamente rebelde aos seus conselhos e às suas advertências, o espírito protetor pode afastar-se entristecido por ver a vontade de seu protegido ceder e submeter-se à influência de espíritos inferiores. Entretanto, não o abandona completamente, sempre ouve o rebelde, quando chamado por ele, voltando prontamente. Devido à superioridade espiritual os protetores vivem, usualmente, em mundos mais avançados do que seus protegidos, mas como todos os mundos são solidários e como o fluido universal os une e nos liga aos superiores pelo pensamento, eles estão sempre prontos para o auxílio, a proteção e o amparo.

Qual seria a razão pela qual os bons espíritos e os anjos guardiões nos protegem de forma oculta? Se eles o fizessem de forma ostensiva, contaríamos sempre com eles, deixando, assim, de agir conforme nossa consciência e nossa liberdade, interrompendo assim nosso progresso evolutivo. A ação deles sempre ocorre de maneira a nos deixar livres, respeitando nosso livre-arbítrio. Não vendo quem o protege e ampara, o homem se entrega às suas próprias forças.

Em resumo, sobre os espíritos que nos influenciam para o bem e para o mal podemos dizer:

1. O espírito protetor é aquele que tem por missão seguir o homem na vida e o ajudar a progredir e, é sempre de natureza bem superior à do protegido.
2. Os espíritos, ditos familiares, ligam-se a certas pessoas por laços mais ou menos duráveis, com o fim de ajudá-los, na medida de seus poderes, frequentemente mais limitados. São bons, mas, às vezes, pouco adiantados; ocupam-se voluntariamente de pormenores da vida íntima de seus amigos encarnados, mas só agem por ordem ou com a permissão dos espíritos protetores.
3. Os espíritos simpáticos são os que atraímos a nós por afeições particulares e uma certa semelhança de gostos e de sentimentos, tanto no bem como no mal. A duração de suas relações é quase sempre circunstancial.
4. O mau gênio é um espírito imperfeito ou perverso que se liga ao homem com o fim de desviá-lo do bem, agindo por seu próprio impulso e não em virtude de uma missão. Sua tenacidade está na razão do acesso mais fácil ou mais difícil que encontra. O homem assediado é sempre livre de ouvir a sua voz ou de a repelir.

Os espíritos podem ter uma ação direta sobre a realização das coisas, tanto espirituais como materiais, mas nunca agem fora das leis naturais, ou, o que é a mesma coisa, fora das leis de Deus, sempre sábias, perfeitas, eternas e imutáveis. Assim não realizam milagres no sentido vulgar desse termo, somente realizando a vontade de nosso Pai.

Os espíritos também agem sobre a matéria e sobre os fenômenos naturais, sempre, como já dito, para cumprir as leis naturais e não para as derrogar. Os espíritos, em seu todo, são os agentes da vontade de Deus, que não age diretamente sobre o mundo material, servindo-se sempre de seus dedicados e eficientes colaboradores espirituais, em todos os graus da escala dos mundos e em todo o Universo. Os espíritos que presidem os fenômenos da Natureza, colaborando na criação material e na condução dos fenômenos, não formam uma categoria distinta, mas são espíritos como todos os outros, de evolução compatível com os trabalhos que realizam. Portanto, na obra do Pai, colaboram espíritos de todos os níveis evolutivos, agindo sós, em grupos ou em número considerável à semelhança de um exército, com seus regimentos e com seus comandantes.

Bibliografia:

Kardec, Allan, *O Livro dos Espíritos*. Editora EME, Capítulo IX do Livro II – Intervenção dos espíritos no mundo corpóreo.

6

ÁGUA: OBRA-PRIMA DA CRIAÇÃO

A ASTROFÍSICA UTILIZANDO-SE de potentes telescópios na Terra e de sofisticados telescópios em órbita, neste planeta, demonstra que o elemento químico mais abundante em todo o Universo observável é o hidrogênio e que a água, um de seus derivados mais simples, também é relativamente abundante nesse mesmo Universo.

Percebe-se a presença divina através de sua inexcedível inteligência e de suas imutáveis leis vigentes em todo o incomensurável Universo, tanto nas enormidades siderais como nas coisas mais simples, como uma gota d'água, por exemplo. Uma gota de água é um universo dentro do qual existem cerca de 3,3 seguidos de 21 zeros, ou $3,3 \times 10^{22}$ moléculas de água; em cada uma dessas moléculas simples percebe-se a ação criadora de Deus.

A química demonstra que a água, substância de fórmula H_2O possui propriedades *sui gêneris* e marcadamente distintas das propriedades de compostos análogos, de fórmulas H_2X, onde X é um elemento do mesmo grupo do oxigênio, como o enxofre, por exemplo, e de outros compostos do hidrogênio como a amônia (NH_3), a fosfina (PH_4) e os hidretos. Uma diferença marcante ocorre com o equivalente composto de enxofre, H_2S, gás sulfídrico e com a amônia, NH_3, que são gases à temperatura ambiente, enquanto que a água é um líquido de ponto de ebulição inesperadamente alto.

Outras diferenças notáveis são vistas em química geral, química inorgânica, físico-química, bioquímica, além da já mencionada astrofísica e, naturalmente, pela física.

A bioquímica nos ensina que a água constitui de 70 a 90% da massa de muitos seres vivos e representa a fase contínua da matéria viva.

Devido a sua natureza familiar e sua ocorrência generalizada, a água é frequentemente considerada um líquido ou solvente inerte e inócuo, como se, nos seres vivos, fosse um simples preenchedor de espaços vazios.

Na realidade a água é um composto altamente reativo e com propriedades inusitadas que a distinguem, de modo marcante, da maioria dos outros líquidos. Ela e seus produtos de ionização são fatores fundamentais no estabelecimento da estrutura e das propriedades químicas e biológicas da maioria dos componentes celulares como as proteínas, os ácidos nucleicos, os lipídios, as membranas e muitos outros compostos e elementos estruturais das células vivas.

A físico-química nos mostra que a água tem valores mais elevados para a temperatura de fusão, temperatura de ebulição, calor de fusão, calor de evaporação e tensão superficial que os hidretos comparáveis bem como da maioria dos líquidos. Essas propriedades indicam que as moléculas de água são fortemente unidas, mantendo-as próximas tanto como gelo, como líquido ou como vapor. A forte ligação química que une as moléculas de água entre si é o compartilhamento dos átomos de hidrogênio pelos átomos de oxigênio, ligação denominada "ponte de hidrogênio" ou, modernamente "ligação hidrogênio".

É a ligação hidrogênio que também une átomos de oxigênio de outros compostos orgânicos e átomos de nitrogênio dos mesmos, que explica muitas das propriedades das moléculas que constituem os seres vivos, suas interações metabólicas e a manutenção do fenômeno vida, nos termos das leis físicas.

Em outras e poucas palavras podemos afirmar que a vida, como a conhecemos, é devida à água e às suas propriedades inusitadas e específicas.

Algumas dessas propriedades são até inesperadas ou curiosas. Por exemplo: porque o gelo (água solidificada) é menos denso do que a água líquida, ao contrário da quase totalidade dos demais compostos? Nestes últimos, ao solidificarem-se pelo abaixamento da temperatura o sólido formado afunda no líquido até que toda a massa se solidifique. Imaginemos o que aconteceria com a água, em nosso planeta, na sucessão de invernos e de verões. Todas as lagoas, lagos, rios e mares seriam transformados em massas de gelo; os oceanos talvez se tornassem meros mares tropicais. Será que nessas condições poderia ter surgido vida na Terra? A paleobioquímica diz que não! Sua melhor hipótese para explicar a evolução química dos compostos orgânicos e o surgimento das primeiras células pressupõe a existência de mares tépidos e de composição salina adequada, fruto de chuvas, então impossíveis.

Outra propriedade da água que a torna útil à vida é seu calor de vaporização alto, o que lhe permite reduzir a temperatura do homem, por exemplo, pela sudorese, quando a evaporação da água do suor, ou de qualquer outra parte do corpo, contribui para o equilíbrio térmico dos animais.

A capacidade da água como solvente extraordinário é mais uma propriedade útil, permitindo a purificação da atmosfera pelas chuvas e a permanente limpeza das folhas, o que lhes permite a fotossíntese, entre outros efeitos benéficos desse agente purificador. A capacidade fotossintetizadora dos vegetais é fenômeno absolutamente essencial à vida, o que mais uma vez mostra a importância da água.

A bioquímica também nos ensina que as proteínas, substâncias formadas pelos aminoácidos podem ser insolúveis na água, como a queratina da pele, das unhas, dos pelos e dos cabelos ou solúveis, como as proteínas do sangue, da clara dos ovos e a maioria das proteínas intracelulares. Os primeiros exemplos são de proteínas estruturais e as intracelulares são as responsáveis por todos os fenômenos envolvidos no crescimento das células, na formação e na manutenção dos tecidos e dos órgãos dos seres vivos. Essa solubilidade na água é devida às pontes de hidrogênio das proteínas e as da água, tornando assim possível a realização de todas as reações químicas, envolvidas nos processos acima mencionados, que constituem o metabolismo geral. Se não fosse a água, com as suas propriedades incomuns, e como poderoso solvente das proteínas e de muitos compostos celulares, como a glicose, os aminoácidos, por exemplo, não haveria o fenômeno VIDA.

Na suposição de correta a "hipótese materialista" para explicar o Universo e a Vida, pode-se perguntar: Como é que as coisas ocorridas na origem do nosso universo, no provável "Big Bang" há cerca de 13 a 15 bilhões de anos, quando o hidrogênio foi formado, seguido do oxigênio e de seus compostos como a água, como o acaso pôde antecipar que, no futuro, muitos bilhões de anos depois, a água deveria ser diferente e ter propriedades excepcionais para que o fenômeno vida pudesse ocorrer?

O que é mais racional e mais fácil de entender - a existência de uma inteligência prodigiosa e preexistente, que concebeu tudo o que existe, inclusive o Universo material e os futuros seres vivos, ou o acaso, mesmo acaso inteligente, se isso fosse possível? E que essa inteligência, dentro de leis imutáveis, modelou a água, diferentemente de seus análogos hidrogenados, dotando-a dessas "estranhas" propriedades para que a vida material pudesse existir, ou que o acaso, com suas "leis"(?) , na sucessão de incontáveis experiências de acertos e de erros, pudesse chegar aos seres vivos? A extremamente alta improbabilidade desse evento, que começa com o planejamento das propriedades da água e chega, na Terra, aos mamíferos superiores não poderia ser calculada pela estatística, nem mesmo com os mais poderosos computadores.

Assim, voltamos a resumir:

O que seria mais fácil de ser aceito pela razão: o Universo vindo do nada e dirigido pelo acaso ou a existência de uma inteligência superior, preexistente, criadora e mantenedora de tudo o que existe? Talvez digam os materialistas que o espiritualismo substitui um fato desconhecido por outro também inatingível. Sem dúvida, Deus é incompreensível pela inteligência humana atual, mas a hipótese deísta é muito mais lógica e racional do que a hipótese materialista, que é o nada criando tudo ao acaso.

Assim, para encerrar este pequeno ensaio, podemos dizer que a água, molécula pequena e simples, é uma criação extremamente inteligente, consistindo em mais uma das obras-primas de Deus. E o que dizer, então, de outras moléculas mais complexas, de macromoléculas biológicas, de células vivas, de seres vivos e do homem?

7

ALCANCE DA INTELIGÊNCIA E DOS OBJETIVOS DE JESUS CRISTO

ENSAIO SOBRE ALGUMAS IDEIAS DE AUGUSTO J. CURY em seu livro *O Mestre dos Mestres*

JESUS NÃO DEIXOU nada escrito, mas sua admirável eloquência deixou palavras indeléveis. Tal durabilidade é fato extraordinário, pois ele, um jovem carpinteiro, falou em aramaico, para gente simples, numa humilde região perdida nos confins do Império Romano, há cerca de dois mil anos. Esse fato nos leva a admitir que Jesus encarnado foi dotado de profunda inteligência e de insuperável didática.

É raro alguém comentar essa sua inteligência perturbadora que rompia a prisão intelectual das pessoas, abrindo-lhes amplas janelas em suas mentes. Todos admitem que ele foi um exemplo vivo de mansidão e humildade, mas ninguém comenta que era insuperável na arte de pensar. Também é bastante raro alguém entender seu objetivo de causar uma transformação psicossocial do interior para o exterior do ser humano, transformação que a ciência moderna prometeu nas entrelinhas de seu rápido desenvolvimento e não cumpriu.

Jesus encontrou na insignificante Palestina, de então, um povo monoteísta, campo fértil e adequado aos seus planos de libertar a humanidade dos cárceres do espírito: as ditaduras do preconceito, do radicalismo, do misticismo politeísta e a paranoia do individualismo. Essas prisões surgiram da necessidade intrínseca do ser humano na busca de Deus, criando religiões e sistemas filosóficos metafísicos no esforço de superar sua finitude e de explicar a si mesmo, o mundo, o passado, o futuro e todos os mistérios da existência.

Os estudos sobre o Cristo histórico e de seu ensino revelam que ele não objetivava reformar exteriormente o ser humano, mas promover uma modificação em seu interior, reorganizar internamente sua capacidade de pensar e de viver emoções. Era seu escopo produzir uma nova pessoa, pessoa solidária, tolerante, livre de ditaduras da inteligência, vacinada contra a doença do egoísmo, capaz de cooperar mutuamente, que aprende a se conhecer, que considera a dor do outro, que aprende a perdoá-lo, que se interioriza, que se repensa, que se coloca como aprendiz da vida, que desenvolve a arte de pensar, que expande a arte de ouvir, que refina a arte de contemplação do belo.

O projeto de Jesus era complexo, sofisticado, audacioso, multifocal, às vezes parecendo um hospital que tratava das misérias humanas, mesmo as mais ocultas. Talvez por isso ele se tenha colocado como médico que trata as mazelas interiores. Outras vezes ele era como uma fonte nutritiva, de sentido existencial, que satisfaz as necessidades humanas e propicia prazer. Talvez por isso cuidasse da fome física dos que o seguiam e tivesse se colocado como o "pão da vida", que supre as necessidades íntimas da emoção e do espírito humano. E, outras vezes ainda, esse projeto parecia uma escola que objetivava transformar as pessoas, expandir sua inteligência e modificar sua maneira de pensar. Talvez por isso ele se tivesse colocado como o messias, o mestre que abre as janelas da mente e conduz os homens e mulheres a pensarem em outras possibilidades.

Cristo não tinha preconceitos. Falava com as pessoas em qualquer ambiente. Não perdia oportunidade para conduzir o ser humano a se interiorizar. Por onde passava atuava como mestre e iniciava sua escola. Nela não havia mesa, carteira, lousa, giz, computador ou técnica pedagógica. Sua técnica eram suas próprias palavras, seus gestos e seus pensamentos. Sua pedagogia era sua história e a maneira como abria as janelas da inteligência dos seus discípulos. O título de mestre da escola da existência é merecido.

Para proferir suas palavras Jesus preferia lugares abertos. Não poucas vezes o céu era o teto de sua escola. As pessoas se assentavam ao seu redor para ouvi-lo e ele se misturava com seus alunos entrando em suas histórias. Não havia um fosso ou uma parede entre o Mestre e seus discípulos.

Cristo era totalmente contra toda e qualquer discriminação. Em sua escola não havia distinção para reis, políticos, intelectuais, iletrados, moralistas e imorais. Todos são apenas o que sempre foram, isto é, seres humanos. Não há superiores e inferiores, todos são fraternalmente iguais, todos possuem a mesma dignidade, não há hierarquia.

Em nosso mundo é bastante raro encontrar-se um lugar onde as pessoas não sejam classificadas, seja pela condição financeira, intelectual, estética, pela fama ou qualquer outro tipo de parâmetro. Vivemos em verdadeira ditadura do preconceito, uma das mais drásticas e destrutivas doenças da humanidade. Ela engessa a inteligência e gera toda sorte de discriminação. Para Jesus ninguém é indigno e desclassificado por qualquer condição ou situação. Uma prostituta tem o mesmo valor que um moralista. Uma pessoa iletrada e sem qualquer tipo de cultura formal tem o mesmo valor que um intelectual, um versado escriba. Uma pessoa excluída vale tanto quanto um rei.

Cristo era de tal forma contra a discriminação que fazia com que os moralistas de sua época tivessem calafrios diante de suas palavras. Teve a coragem de dizer aos fariseus que os corruptos coletores de impostos e as meretrizes os precederiam em seu reino. Os cobradores de impostos eram odiados e as prostitutas apedrejadas. Nunca ninguém considerou tão dignas pessoas tão indignas, nem exaltou tanto pessoas tão desprezadas e nem incluiu tanto pessoas tão excluídas. Podemos perguntar por que corruptos e meretrizes poderiam preceder os moralistas fariseus e escribas. Para o Mestre era pela capacidade deles, os primeiros, de se esvaziarem e se colocarem como aprendizes em sua escola.

Jesus não agia de forma inconsciente e nem inconsequente – tinha consciência do efeito de suas palavras e das metas que queria atingir. Combinava a humildade e a tolerância com a ousadia e a determinação. Apreciava provocar a inteligência das pessoas e mostrar o radicalismo delas.

Um bom mestre possui eloquência, mas um excelente mestre possui mais do que isso: possui a capacidade de surpreender seus alunos, instigar-lhes a inteligência; um bom mestre transmite o conhecimento com dedicação, enquanto que um excelente mestre estimula a arte de pensar; um bom mestre procura seus alunos porque quer educá-los, mas um excelente mestre lhes aguça tanto a inteligência que é procurado e apreciado por eles; um bom mestre é lembrado e valorizado durante o tempo de escola, enquanto um excelente mestre jamais é esquecido, marcando para sempre a história de seus alunos

Cristo instigava a inteligência daqueles que conviviam com ele, formando-os engenheiros do pensamento e engenheiros de ideias. O deleite de aprender e de se tornar um engenheiro de ideias está cambaleante nas sociedades modernas. Foi substituído pela paranoia do consumismo, da estética e da competição predatória.

Não há dúvida que diversas pessoas seguiam Jesus para atender às próprias necessidades básicas e para contemplar seus atos "sobrenaturais" (palavra de A.

Cury para dizer extraordinários) e ele tinha consciência disso. Porém muitas outras o seguiam porque foram despertadas por ele e descobriram o prazer de aprender.

O orgulho e a autossuficiência dos escribas e fariseus obstruíam suas inteligências e os encerravam num cárcere intelectual. Na escola de Cristo, o orgulho e a autossuficiência contaminam a sabedoria e abortam a arte de pensar. Nela ninguém se diploma, todos são eternos aprendizes. Todos devem ter a postura intelectual de uma criança, que é aberta, sem preconceitos e com grande disposição de aprender.

A autossuficiência reduz a produção intelectual, quem se embriaga com o orgulho está condenado à infantilidade emocional e à pobreza intelectual, além de fazer da vida uma fonte de ansiedade. O orgulho gera muitos filhos, entre os quais estão a dificuldade de reconhecimento de erros, com a necessidade compulsiva de estarem sempre certos. Aquele que recicla seu orgulho e se liberta do jugo de estar sempre certo transita pela vida com mais tranquilidade. A pessoa que reconhece suas limitações está mais madura do que a que senta no trono da verdade.

Cristo tomou uma atitude arriscada, corajosa e desafiadora. Fez uma escolha incomum para levar a cabo o seu complexo desejo. Escolheu um grupo de homens iletrados e sem grandes virtudes intelectuais para transformá-los em engenheiros da inteligência e torná-los propagadores (apóstolos) de um plano que abalaria o mundo, atravessaria os séculos e conquistaria centenas de milhões de pessoas de todos os níveis culturais, sociais e econômicos.

Os invernos existenciais pelos quais Jesus passava não o destruíam, pelo contrário, geravam nele uma bela primavera existencial, manifesta em sua sabedoria, amabilidade, tranquilidade, tolerância, capacidade de compreender e superar os conflitos humanos.

Bibliografia

CURY, Augusto J. *O Mestre dos Mestres.* G. M. T. Editores Ltda., (Sextante), Rio de Janeiro, R.J., 2006.

8

AMAR A DEUS E A JESUS

NA ORAÇÃO "PAI Nosso", Jesus ensinou-nos a amar a Deus dizendo: "Seja feita a vossa vontade assim na Terra como no Céu" (Mt VI: 10). Como tudo no Pai é perfeição total, a sua vontade, por isso, só pode ser perfeita.

É exatamente assim que cada um de nós, seus filhos menores, pode amar nosso Pai, fazendo-lhe a sua vontade, aqui na Terra, como no Céu a fazem os espíritos superiores, seus filhos maiores.

Basta-nos, portanto, conhecer a sua vontade, seguindo-a ou obedecendo-a livremente, como ensinou Jesus.

Mas quem poderia nos dar a conhecer a vontade de Deus?

Esse conhecimento nos foi dado pelos espíritos do Senhor, sob o comando de Jesus, ao nos trazerem a doutrina espírita, ensinando-nos que a vontade de Deus se expressa pelas suas leis. As leis divinas, além de serem sábias e perfeitas, são também eternas e imutáveis. E que leis seriam essas? São as leis naturais, também denominadas, leis divino-naturais, para indicá-las que são todas as leis da natureza, leis materiais e leis morais, estabelecidas por Deus, desde todo o sempre e válidas para todo o Universo.

Das leis naturais, algumas podem ser seguidas livremente ou não, obedecidas ou não, por nós, seus filhos, agora dotados de inteligência e de liberdade. As leis de livre obediência são as leis morais, leis de ordem espiritual, das quais a maior foi anunciada por Jesus, quando ao responder a um doutor da lei, fariseu, disse-lhe: "Amarás o Senhor teu Deus de todo o teu coração, de toda a tua alma e de todo o teu entendimento. ... Amarás a teu próximo como a ti mesmo", como registrado em Mateus (Mt. XXII:37-40).

Existem outras leis naturais, as de ordem física que governam o Universo material e, entre elas, as leis biológicas que dirigem todas as formas de vida, inclusive a de nossos corpos materiais, cobrindo todo o conhecimento científico conhecido ou ainda por conhecer. Essas leis não podem ser desobedecidas, pois são determinísticas e que se cumprem no automatismo da harmonia do Universo e no automatismo harmônico dos instintos, entre os seres vivos.

Em seu conjunto as leis de ordem física regem, de forma perfeita e equilibrada, todo o Universo material, desde as galáxias e outras enormidades siderais até os minúsculos, mais do que sub-microscópicos, átomos, elétrons, fótons e outras partículas elementares, todas derivadas do fluido cósmico universal, criação primária de Deus.

Os sábios e os cientistas estudam as leis de caráter

físico que agem sobre a matéria e os filósofos, ao lado dos homens de bem, estudam as leis de caráter moral, que cobrem o comportamento dos espíritos encarnados ou não encarnados frente a Deus, frente a si mesmos e frente aos seus semelhantes.

As leis morais foram gravadas pelo legislador Celeste na consciência dos homens como a assinatura do artista em suas obras. Esquecidas ou menoscabadas foram lembradas por espíritos superiores em missão profética, ao longo do tempo. Por serem eternas são de todos os tempos e foram sendo relembradas, pouco a pouco, ao longo da civilização desde o homem primitivo, passando a constituir a ética religiosa de todos os povos.

Dentre os sábios, legisladores e profetas, instrumentos dóceis do Pai amoroso para perpetuar suas leis, o mais perfeito é Jesus, que ensinou as verdadeiras leis morais de Deus, reunindo todos os ensinos anteriores. Como o seu ensino foi frequentemente alegórico e restrito à inteligência e à compreensão dos homens a quem falava, prometeu em sua despedida dos apóstolos, reunidos no Cenáculo, na quinta-feira anterior à crucificação, a vinda de espíritos superiores, no futuro, para em linguagem clara e sem equívocos trazerem, novamente, o conhecimento dessas leis e de tudo o mais que ensinou, com o restabelecimento de toda a sua doutrina evangélica, em sua pureza inicial (Jo XIV:15-17; Jo XIV:25-26).

Em resumo ama-se a Deus obedecendo e cumprindo suas leis morais, como nos foram ensinadas no primeiro livro da codificação espírita, ou seja: adorando-O; trabalhando para nós e para nossos irmãos; seguindo suas determinações quanto à conservação, à destruição e à reprodução; vivendo em sociedade, fraternalmente, na busca de nosso progresso espiritual e colaborando para a evolução de nossos irmãos; gozando de nossa plena liberdade moral, entre os demais irmãos, todos nossos iguais, amando-os, com toda a caridade e dentro da perfeita justiça do Pai.

Quando Jesus afirmou: "Eu sou o caminho, a verdade e a vida"... "Ninguém vai ao Pai senão por mim" (Jo. XIV:6) mostrou-nos claramente o caminho para se alcançar a plenitude divina, para adorá-la, em espírito e verdade, comungando com ela. Sua pregação e seus exemplos nos três anos de seu convívio conosco, delineou claramente o caminho, dando-nos o verdadeiro código divino de vida para nós, encarnados, deixando-nos, ainda, a si mesmo como o mais perfeito modelo e o melhor exemplo a ser seguido.

E como amar Jesus?

Uma vez mais, encontramos a resposta em suas palavras de vida eterna: "Se me amais, observareis os meus mandamentos" (Jo. XIV: 15).

Finalizando: ama-se a Deus cumprindo suas leis eternas e ama-se a Jesus seguindo seu evangelho e seus exemplos, tomando-o como modelo.

9

AMOR, MISERICÓRDIA E JUSTIÇA

NAS ORAÇÕES AO Criador diz-se, muitas vezes: "Meu Deus - Deus de amor, Deus de misericórdia e Deus de justiça", colocando-se estes três atributos de Deus como se fossem todas as perfeições divinas. Para o Pai excelso são atributos e, para nós homens, seus filhos criados à sua imagem e semelhança, são virtudes que devemos perseguir, dentro de nossa liberdade e com o maior interesse pessoal. Elas são excelsas e realmente marcantes para nós, filhos de Deus, criados por amor, conduzidos pela misericórdia paterna e dentro da mais perfeita justiça. Dissemos com o máximo interesse, pois ela nos pode elevar ao mais alto, a caminho da felicidade e da perfeição.

Emmanuel, um de nossos irmãos maiores, através da psicografia de Francisco C. Xavier em *Justiça Divina*, nos diz que:

> [...] Deus é amor - amor que se expande do átomo aos astros, mas é justiça também - justiça que concede a cada espírito conforme as ações livremente pratica-

> das por eles. Sendo amor concede à consciência desviada tantas experiências ou oportunidades, quantas necessárias forem a fim de retificar-se. Sendo justiça ignora quaisquer privilégios que lhe queiram impor.

André Luiz, também pela psicografia de Francisco C. Xavier, no capítulo "Nem castigo, nem perdão", no livro *O Espírito da Verdade* nos ensina:

> A Terra não é uma prisão de sofrimentos e nem um vale de lágrimas, mas é uma abençoada escola de aprendizado e de refazimento.
> A dor não é forjada por outrem, mas é criação da própria alma.
> A virtude não é contentamento futuro, mas júbilo já existente.
> A morte não santifica, mas é uma porta para o trabalho santificante em outro clima.
> O futuro não é surpresa, mas consequência do presente.
> O bem não é somente conforto do próximo, mas é auxílio a nós mesmos.
> Deus é a Equidade Soberana, não castiga e nem perdoa, mas somos nós mesmos, seres conscientes, que nos condenamos e nos absolvemos ante as leis de Deus. Nossa conduta é o processo, nossa consciência o tribunal.
> As raízes das provações irrompem do passado - subsolo da nossa existência - e, na evolução, quem sai de uma vida entra em outra, porque berço e tú-

mulo são, simultaneamente, entradas e saídas nos planos da Vida Eterna.

Juvanir Borges de Souza, em seu livro *Tempo de transição*, transcreve uma comunicação de Emmanuel, recebida por Francisco Cândido Xavier, no Grupo da Prece de Uberaba, que diz:

> Amor é o princípio que emana de Deus, a causa da vida. Inspira a gratidão e o reconhecimento ao Criador, espraiando-se por todas as coisas, pela criação inteira, sob múltiplas formas. Amar ao próximo é uma consequência do amor a Deus. Toda a doutrina ensinada pelo Cristo resume-se no amor, a lei divina que abrange todas as outras.

Sobre a maior das virtudes, assim se expressa Léon Denis, na sua obra, *Depois da morte*:

> O amor é a celeste atração das almas e dos mundos, a potência divina que liga os Universos, governa-os e fecunda; o amor é o olhar de Deus! ... O amor é o sentimento superior em que se fundem e se harmonizam todas as qualidades do coração; é o coroamento das virtudes humanas, da doçura, da caridade, da bondade; é a manifestação na alma de uma força que nos eleva acima da matéria, até alturas divinas, unindo todos os seres e despertando em nós a felicidade íntima, que se afasta extraordinariamente de todos gozos terrenos.

Emmanuel respondendo a questões formuladas pelo Grupo Espírita Luís Gonzaga, de Pedro Leopoldo, MG, em 1939, sobre o amor, reunidas no livro *O Consolador*, também psicografado pelo Chico Xavier, nos diz:

> O amor é a própria lei da vida e, sob o seu domínio sagrado, todas as criaturas e todas as coisas se reúnem ao Criador, dentro do plano grandioso da unidade universal. Desde as manifestações mais humildes dos reinos inferiores da Natureza, observamos a exteriorização do amor em sua feição divina. Na poeira cósmica, origem material da vida, temos as atrações eletromagnéticas profundas; nos corpos simples, vemos as chamadas 'valências' da química; nos reinos mineral e vegetal verificamos o problema das combinações indispensáveis. Nas expressões da vida animal observamos o amor em tudo, em gradações infinitas, da violência à ternura, nas manifestações do irracional. No caminho dos homens é ainda o amor que preside a todas as atividades da existência em família e em sociedade. Reconhecida a sua luz divina em todos os ambientes, observamos a união dos seres como um ponto sagrado de referência dessa lei única que dirige o Universo. Das expressões de sexualidade, o amor caminha para a "suprassexualidade", marchando sempre para as sublimadas emoções da espiritualidade pura, pela renúncia e pelo trabalho, santificantes, até alcançar o amor divino, atributo dos seres angélicos, que se edificaram para a união com Deus, na execução de seus sagrados desígnios no Universo.

Kardec, em *O Evangelho segundo o Espiritismo*, nos diz que a misericórdia é o complemento da brandura, porquanto aquele que não for misericordioso não poderá ser brando e pacífico. Ela consiste no esquecimento e no perdão das ofensas. ... O esquecimento das ofensas é próprio da alma elevada, que paira acima dos golpes que lhe possam desferir, ... é calma, toda mansidão e caridade.

M. Philomeno de Miranda, em *Loucura e obsessão*, pela psicografia de Divaldo P. Franco, nos afirma: "A justiça é, acima de tudo, amor que corrige e sabedoria que educa."

R. Hermínio, num pequeno livro para evangelização infantil nos diz, para nós adultos:

> ... a justiça soberana do Altíssimo é dar a cada um conforme o seu merecimento. Quanto à sua misericórdia infinita, essa se patenteia na multiplicidade de meios que faculta a todos os seus filhos para que adquiram aquele divino sentimento, até possuí-lo em toda a sua plenitude.

Também em *O Evangelho segundo o Espiritismo* em uma mensagem assinada, humildemente por Miguel, lemos:

> A piedade é a virtude que mais vos aproxima dos anjos; é irmã da caridade, que vos conduz a Deus. ... A piedade bem sentida é amor - amor é devotamento; devotamento é o olvido de si mesmo e esse olvido, essa abnegação em favor dos desgraçados, é

> a virtude por excelência, a que em toda a sua vida praticou o divino Messias e ensinou na sua doutrina tão santa e tão sublime. Quando essa doutrina for restabelecida na sua pureza primitiva, quando todos os povos se lhe submeterem, ela tornará feliz a Terra, fazendo que reinem aí a concórdia, a paz e o amor.

Victor Hugo espírito, no livro *Dor suprema*, psicografado por Zilda Gama, coloca na boca de Pedro a seguinte prédica sobre o perdão:

> Perdoar é uma palavra de origem divina e de aplicação, ainda, restrita ao globo terrestre. Entre nós, o perdão começou a ser valorizado pelo Cristo quando o sublime Crucificado, o Mestre Bendito, a pronunciou no Calvário, sendo uma das últimas palavras que seus lábios proferiram quando encarnado, referindo-se aos seus algozes: "Perdoai-lhes meu Pai, porque eles não sabem o que fazem!"
> O perdão é a prova máxima da perfeição espiritual. Quem perdoa as ofensas eleva-se às culminâncias siderais, deixando de ser réptil empeçonhado pelo ódio e pela vingança, para ser águia altaneira, que respira os ares do Céu. É um raio de Sol que devassa todas as trevas, por mais compactas que sejam, fazendo surgir a alvura da neve, onde parecia existir unicamente a negrura do carvão.

Martins Peralva em *Estudando o Evangelho* escreve:

> O conceito de perdão, segundo o espiritismo, é idêntico ao do evangelho, que lhe é fundamento: concessão, indefinida, de oportunidades para que o ofensor se arrependa, o pecador se recomponha, o criminoso se libere do mal e se erga, redimido, para a ascensão luminosa. Quem perdoa, segundo a concepção espírita-cristã, esquece a ofensa. Não conserva ressentimentos.

Vinícius (Pedro de Camargo) em *Nas pegadas do Mestre* escreve:

> A justiça de Deus é a expressão de sua misericórdia. A misericórdia de Deus é a expressão de sua justiça. Insensato aquele que pretendesse apegar-se a um desses atributos, menosprezando o outro. Em Deus, justiça e misericórdia são elementos que se confundem num todo indissolúvel.
> O filho pródigo, da parábola foi recebido caridosamente pelo Pai, que festejou seu regresso, promovendo um grande banquete. Mas, não importará num ato de justiça aquele comportamento do pai? Certamente, que sim. O moço estava arrependido após haver suportado, com resignação, as consequências de seus desvarios. Demandava o lar que outrora abandonara. Estava regenerado; havia compreendido e confessara a grandeza de sua culpa. Logo, a atitude do pai, recebendo-o amoravelmente em seus braços foi um ato de justiça expresso através de sua misericórdia. Se o pai deixasse de agir

precisamente como agiu, não seria justo, porque seria cruel. Sendo, pois, misericordioso, foi também justo. Se, de outra sorte, impedisse de qualquer forma que o filho pródigo sofresse o efeito natural de seus pecados, não seria misericordioso, porque seria injusto. O objeto da justiça é a misericórdia; o objeto da misericórdia é a justiça: - eis uma grande verdade, por mais paradoxal que, à primeira vista, pareça.

A justiça de Deus tem por fim regenerar o pecador e, de fato, regenera-o. As leis imutáveis da causalidade, fazendo fatalmente recair as consequências do mal sobre quem o pratica, acabam incompatibilizando o culpado com a culpa. O pecador convencer-se-á, após amargas experiências, de que toda a dor que o fere, e acerbamente o punge, já no físico, já no moral, é fruto de seus atos, é efeito de causas por ele mesmo criadas. Daí o horror que o pecado virá causar-lhe inevitavelmente.

Imaginemos, agora, se Deus houvesse organizado suas leis de modo que somente a misericórdia se exercesse, qual seria o resultado? O pecado perpetuar-se-ia; e, com isso, o homem jamais se elevaria acima dos vícios e das paixões, tornando-se eterno escravo destas; jamais poderia ascender na senda do progresso, permanecendo cristalizado na animalidade, que é a vida das sensações. Se tal fora o destino reservado por Deus ao homem, não seria isso a implícita negação de sua misericórdia?

Que benefício poderá haver em evitar a dor, privando ao mesmo tempo o homem da conquista do seu maior bem - a liberdade, o triunfo do espírito sobre a matéria?

Que benefício recebe dos pais esses filhos aos quais tudo foi permitido na época perigosa do desabrochar das paixões? Os pais que assim procedem contribuem para a ruína dos filhos, ao passo que muito bem lhes poderiam ter feito se à misericórdia aliassem a justiça. Deus é Pai, disse Jesus - mas é Pai cujo caráter é perfeito. Ele quer o bem dos seus filhos, e sabe querê-lo inteligentemente. Por isso é justo, e, ao mesmo tempo, misericordioso. 'Sua misericórdia não compromete sua justiça'".

Bibliografia:

DENIS, Léon, *Depois da morte*. FEB, RJ, 1994, pág. 282.

EMMANUEL (espírito), *Justiça divina*. psicografia de F. C. Xavier, FEB, Rio de Janeiro. 1987, pág. 120.

EMMANUEL (espírito), *O consolador*. psicografia de F. C. Xavier, FEB, RJ, 1993, pág. 184.

HERMÍNIO, R., *História de Catarina*. FEB, RJ, 1991, pág. 53.

HUGO, Víctor, (espírito), *Dor suprema*. psicografia de Z. Gama, FEB, RJ, 1991, pág. 333.

KARDEC, Allan, *O Evangelho segundo o Espiritismo*. FEB, RJ, 1994, pág. 170.

__________, *O Evangelho segundo o Espiritismo*. FEB, RJ, 1994, pág. 229.

PERALVA, M., *Estudando o Evangelho*. FEB, RJ, 1992, pág. 102.

PHILOMENO DE MIRANDA, M, (ESPÍRITO), *Obsessão e loucura*. psicografia de D. P. Franco, FEB, RJ, 1994, pág. 154.

Souza, Juvanir B. de, *Tempo de transição*. FEB, Rio de Janeiro, 1990, pág. 265.

Vinícius (Pedro de Camargo), *Nas pegadas do Mestre*, FEB, RJ, 1992, pág. 70.

Xavier, F. C. e Vieira, W., *O Espírito da Verdade*. FEB, Rio de Janeiro, 1992, pág. 190.

10

AS MORADAS DA CASA DO PAI

> Não se perturbe o vosso coração. Creiam em Deus; creiam também em mim. Na casa de meu Pai há muitas moradas. Se não fosse assim, eu lhes teria dito, pois vou preparar-lhes um lugar. Depois que eu for e lhes preparar o lugar, voltarei e lhes tomarei comigo para que vocês também estejam onde eu estou. [Jo 14, 1-3 (Sermão do cenáculo: Jo 14, 1-31)]

QUAL O SIGNIFICADO de: "muitas moradas na casa do Pai"?

É, literalmente, o que falou Jesus, afirmando que no Universo existem muitos mundos. Mundos significando lugares para a habitação de espíritos encarnados e desencarnados, em sua faina de evoluírem no caminho da perfeição.

Começamos por analisar os primeiros, os mundos onde vivem homens: A casa de Deus é todo o Universo, essa imensidão incomensuravelmente grande e formada por matéria, cuja complexidade nos escapa à compreensão, pois, no planeta Terra, atual, ainda somos crianças espirituais, cujo intelecto e inteligência são rudimentares, embora em crescimento. Para se ter ideia da complexidade do Universo basta lembrar como, bem recentemente, nos ensina a cosmologia mostrando que aquilo a que chamamos matéria, componente básico do Universo físico, é constituída por duas espécies: cerca de 95% de matéria escura e 5% de matéria comum, essa última, a formadora das bilhões de nebulosas ou galáxias, cada uma com bilhões de estrelas e, grande parte destas, com planetas, satélites, asteroides, poeira estelar, etc. Da matéria escura somente se conhece seus efeitos gravitacionais. Para realçar que a complexidade não se limita à dualidade matéria comum/matéria escura, rapidamente, mencionamos outras estruturas da astronomia: estrelas de nêutrons, quasares, novas, supernovas, buracos negros e outras enormidades.

Não nos esqueçamos que também existe o Universo Espiritual, o qual contém o material, sendo ambos interligados.

Vamos interromper esse turbilhão de maravilhas da obra de Deus para uma pergunta, pequena e impertinente: Por que haveria Deus de colocar toda a sua criação de seres viventes em um pequeno planeta de uma estrela de quinta categoria, como ainda acreditam muitos cristãos?

Esse pequeno planeta é a Terra, minúscula pinta de mosca perdida na incrível imensidão do Cosmo, imensidão essa totalmente inútil em tais condições. Pois bem, esse pequeno ponto, minúsculo planeta, chegou a ser considerado como o centro de toda a criação divina, graças ao nosso astronômico orgulho e nossa imensa e desmedida pretensão.

Voltemos ao estudo do Universo material: o Sol, nossa amada estrela, embora de quinta categoria na classificação das estrelas, que já foi adorado como um deus, possui um sistema planetário de nove planetas, alguns com muitos satélites, que chegam a ser maiores que a Terra. Outras estrelas de nossa nebulosa ou galáxia, a Via Láctea, também possuem sistemas planetários, como já demonstrado pela astronomia nestes últimos anos. Até novembro de 2004 foram detectados pouco mais que 120 planetas extrassolares. A maioria deles é maior do que a Terra, comparáveis com Júpiter em tamanho. Nestes últimos dois anos detectou-se também planeta do tamanho do nosso, o que mostra que estrelas com planetas não parecem ser exceção, mas algo frequente no Universo. O primeiro extrassolar foi descrito em 1995.

O bom-senso, a lógica e a harmonia da criação de Deus fortalecem a hipótese científica da existência de vida, incluindo-se vida semelhante à humana, nesse enorme número de planetas.

É exatamente isso que os espíritos superiores da codificação da doutrina espírita, nos revelaram acerca de século e meio antes da simples constatação da existência de planetas fora do sistema solar, pela Ciência (1995 - 1857 = 138 anos).

Reunindo todo esse conhecimento podemos dizer que planetas e, eventualmente, satélites, de tamanho e de condições adequadas, no Universo, são as muitas moradas da casa de Deus, pondo-se ênfase na palavra muitas. Podemos supor, sem nenhum esforço, que o número de planetas habitáveis é, praticamente, infinito, tanto quanto infinito é o número de espíritos nos Universos. Esses mundos são os lugares de residência de muitas outras humanidades, dentro da Humanidade Universal, a evoluírem, como espíritos, na senda da perfeição, desde sua criação pelo Pai até o estágio de espíritos superiores.

Encerramos esta introdução geral, lembrando-nos do Mundo Espiritual, do qual não iremos tratar nesta ocasião. Ele é constituído por todo o Universo, visível e invisível, sendo residência dos espíritos desencarnados, em todos os níveis de evolução. Estes podem viver nas vizinhanças do planeta em que desencarnaram (sua "psicosfera"), em seu interior ou, ainda entre os habitantes encarnados do mesmo, bem como em outros mundos mais elevados. O Universo Espiritual é anterior ao material, e este poderia não existir.

Para nos aprofundarmos, um pouco, na natureza das moradas vamos nos valer do ensino de Allan Kardec contido no terceiro capítulo do *O Evangelho segundo o Espiritismo*:

Explica Kardec que a categoria de um mundo habitado é definida pelo grau de adiantamento ou de inferioridade de seus habitantes. Assim, genericamente, os mundos podem ser considerados como inferiores, intermediários ou superiores, relativamente à Terra, que se situa nas faixas inferiores dos mundos intermediários.

Nos inferiores a existência dos encarnados é toda

material, onde as paixões predominam e a vida moral é quase nula. Nos intermediários o bem está mesclado com o mal e, nos superiores, predomina o bem e a vida toda é moralmente elevada.

Também podemos falar de mundos primitivos, destinados às primeiras encarnações da alma humana, de mundos de expiação e de provas, onde o mal predomina, de mundos de regeneração, onde o bem se eleva sobre o mal, de mundos felizes, onde prepondera o bem e de mundos celestes ou divinos, onde o bem reina soberanamente, residência de espíritos depurados, por isso, ditos espíritos puros.

A Terra é um mundo de expiação e de provas, onde ainda predomina o mal, em virtude do que o homem terrestre é alvo de tantas misérias e sofrimentos. Nosso planeta está às portas de se tornar um mundo de regeneração. Nestes, havendo ainda o que expiar, o espírito haure forças que o amparam, havendo repouso das fadigas das lutas de crescimento, sendo impelido à evolução mais acelerada.

Os encarnados em dado mundo não estão indefinidamente presos a ele. Aí vivem tantas encarnações quantas a natureza do mundo permite ao desenvolvimento espiritual. Passam, a seguir, para um mundo mais elevado, progredindo neste como no anterior, reencarnado tantas vezes quanto esse novo mundo permite. E assim por diante até alcançar mundos celestes ou divinos.

Em cada mundo o número de encarnações é ajustado ao trabalho meritório do espírito, podendo este, progredir rapidamente, mais lentamente ou mesmo ficar estacionário por muito tempo ou, ainda, ser relegado a mundos inferiores, para recomeçar tudo de novo, recuperando os estágios desperdiçados no mal, que sempre é fruto do egoísmo e do orgulho. Notar que o espírito pode ficar estacionário em sua evolução, mas nunca retroagir na mesma.

Não é válido julgar a Terra exclusivamente pelas dores, doenças, misérias e sofrimentos, taxando-a de permanente "vale de lágrimas".

Antes, deve ser vista como um grande hospital e uma enorme escola, onde nós, ainda crianças espirituais, muitas vezes doentes e ignorantes nos curamos e aprendemos a crescer no bem e no amor. Seguindo-se o evangelho de Jesus (código celeste de vida), pode-se viver na Terra com relativa paz e ser relativamente feliz, no aguardo certo e seguro de um futuro melhor. Para isso deve-se seguir o código de vida e os exemplos de Jesus, corrigindo e ressarcindo, necessariamente, erros anteriores e substituindo ódios e inimizades por fraternidade e amor.

Em cada mundo o progresso moral e intelectual dos espíritos é acompanhado pelo embelezamento dos corpos físicos que, paralelamente crescem em harmonia, elegância e beleza. Passa-se de espíritos inferiores, encarnados em corpos brutos e grosseiros a espíritos mais elevados, encarnados em corpos mais belos, ao mesmo tempo em que a vida materializada, guiada pelos instintos, vai se transformando em vida espiritualizada, dirigida pela vontade, pela razão e pelo amor, sempre no caminho do bem. Nesse crescer da humanidade, em dado planeta, este também evolui fisicamente. Passa-se, por exemplo, de uma natureza inóspita, agressiva e feia a uma natureza agradável, acolhedora e bela.

Nos mundos bem mais elevados do que a Terra, os superiores, as condições de vida são bem outras. Vamos, resumidamente, passá-las em elenco:

01. A forma do corpo físico dos encarnados é sempre a humana, como por toda a parte, mas embelezada, aperfeiçoada e, sobretudo, purificada.
02. Os corpos, menos materializados, são menos sujeitos às necessidades fisiológicas, às doenças e ao envelhecimento, que leva à deterioração dos mesmos pela idade.
03. Os sentidos, mais perfeitos, mais delicados e expandidos, têm percepções muito além de nossos pobres cinco ou seis sentidos, podendo existir outros desconhecidos a nós.
04. A leveza dos corpos, de matéria menos compacta ou, mais fluídica, torna a locomoção fácil, permitindo o deslizamento sobre o solo e o planar na atmosfera, com o simples esforço da vontade.
05. A fisionomia pode ser ajustada pela vontade, aos semblantes de encarnações anteriores, para o reconhecimento pronto de pessoas amigas de outros tempos, fisionomias que são sempre transfiguradas e luminosas pelas impressões interiores e sentimentos, sempre elevados.
06. A pequena resistência dessa matéria, nesses mundos elevados, permite aos seres encarnados um crescimento mais rápido, com infância curta.

07. A ausência de doenças, de inquietações e de angústias, permite uma vida encarnada bem mais longa que na Terra. A longevidade é proporcional ao adiantamento dos mundos e, por conseguinte, dos espíritos neles encarnados, ao contrário do que ensina a Bíblia, que colocou os longevos no passado.
08. A morte, encarada naturalmente, é vista como uma transformação feliz, porque não há dúvidas sobre o futuro.
09. As almas, livres da densidade da matéria, que entre nós as aprisiona, gozam de elevada lucidez e irradiam como numa permanente emancipação, permitindo a livre transmissão do pensamento, meio normal de comunicação entre os espíritos mais elevados.
10. As relações entre as pessoas são sempre amigáveis e fraternas, sem lutas e sem desentendimentos.
11. A autoridade se estabelece naturalmente, baseada na elevação moral e intelectual dos indivíduos, sempre com justiça e estritamente baseada no mérito e na elevação espiritual.
12. Nesses mundos mais elevados, os homens não buscam elevarem-se uns sobre os outros, mas a elevarem-se acima de si mesmos, aperfeiçoando-se.
13. Nos mundos superiores os contrastes são desnecessários para se aferir as coisas, como entre nós que necessitamos do mal para conhecer o bem, das trevas para valorizar a luz, da doença para apreciar a saúde, etc. Lá a luz eterna, a eterna be-

leza e a eterna serenidade da alma proporcionam uma eterna alegria na felicidade que não é perturbada pelas angústias da vida materializada e nem perturbada pelos maus, que ali não têm acesso.

14. Os mundos elevados não são frutos de privilégios, pois Deus não é parcial com nenhum de seus filhos, dando a todos eles os mesmos direitos e as mesmas facilidades para atingi-los. Todos, a partir do mesmo ponto de criação (simples e ignorantes), podem conquistar as posições mais elevadas, pelo trabalho, pelo esforço, pela dedicação e, tão mais cedo quanto possível, ou arrastarem-se, durante séculos e séculos, em níveis mais baixos da espiritualidade.

11

EVANGELHO E CRISTIANISMO

HÁ DOIS MIL anos, Jesus, o Mestre da Galileia, pregou suas ideias revolucionárias durante três anos por toda a Palestina e arredores, sem jamais ter escrito nada. Sua prédica foi tão revolucionária que lhe custou morte vil, pela crucificação.

Seus ensinamentos foram disseminados entre os judeus e os gentios pelos apóstolos sobreviventes usando anotações escritas. Algumas dessas anotações foram reunidas em textos que receberam os nomes de seus autores: Mateus, Marcos, Lucas e João. Esses quatro textos, ditos evangelhos canônicos, fazem parte do Novo Testamento atual, constituindo a base de religiões surgidas ao longo do tempo, coletivamente, denominadas cristianismo.

Entre o ensino pessoal de Jesus e os evangelhos atuais, os escritos passaram por uma longa fieira de copistas, tradutores, teólogos, além de submetidos a sínodos e concílios que, alteraram o ensino básico de Jesus, com acréscimos, reduções, modificações e erros humanos outros, voluntários ou não, gerando dúvidas e descrença sobre muitos pontos que se tornaram dogmas das diferentes vertentes do cristianismo atual.

Entre a Renascença e os nossos dias muitos pensadores e estudiosos duvidaram e duvidam não somente dos escritos, como, da própria existência de Jesus Cristo. As palavras acima poderiam ser de um cético, quase agnóstico e, as seguintes, são de um quase espírita, que se esforça por sê-lo.

De qualquer forma, a pregação de Jesus da qual parte sobreviveu, sem maiores distorções, marcou a história da humanidade, chegando a dividi-la em antes e depois dele. Suas ideias revolucionárias deram origem a um debate mundial em torno de sua figura ímpar, que continua a merecer contínua atenção e interesse.

O entrechoque de opiniões, conceitos, suposições e inferências não devem perturbar sua mensagem de amor e de fraternidade. Se nasceu em Belém ou Nazaré, se foi batizado ou não pelo primo João, se teve ou não irmãos consanguíneos, se era ou não descendente do rei Davi, nada disso importa se conseguirmos chegar ao cerne de sua mensagem, desvencilhando-a de todo o peso das falsas interpretações que se depositaram sobre ela no correr dos séculos. Esses aspectos secundários são, subsidiariamente, esclarecedores e até desejáveis, mas não são essenciais à compreensão da mensagem em si, embora possam nos ajudar a melhor definir certas áreas obscuras nela contidas.

O povo judeu não o aceitou como o esperado messias, o que em nada modifica o conteúdo universal da sua mensagem, ao contrário parece revigorá-la, ao transcender as limitações étnico-religiosas. Tendo sido ele ou não o messias e, por mais exíguos que sejam os textos originais sobreviventes, acerca de sua vida, de seus exemplos e de seu ensinamento, há, em Jesus, e nos seus ensinamentos uma mensagem tão poderosa e carismática que mudou a face da Terra. A mensagem de Jesus contém algo de permanente, de construtivo, de eterno.

O segredo do modelo de vida ensinado por Jesus está na desconcertante simplicidade de seus ensinamentos, não esquecendo que ele foi simples, mas não ingênuo e nem simplório, como tantos gostariam de fazer crer, encastelados em suas torres de orgulho.

Curiosamente toda a celeuma e especulações a respeito da historicidade de Jesus podem ser encerradas com uma observação pertinente: a discreta, quase omissa, atitude da Igreja Romana, que tem procurado conservar-se à margem da campanha que no século XIX empolgou tantos estudiosos de talento, sejam teólogos ou leigos. Não obstante o Concílio de João XXIII que soprou brisa refrescando os estandartes do Vaticano, a posição oficial continua sendo a do não envolvimento em temas controversos e a de rejeição a qualquer atitude desinibida de reexame da vetusta dogmática dessa igreja.

Uma investigação mais atenta e paciente revela que nem sempre a postura do historiógrafo especializado ou do teólogo é melhor, mais lúcida e mais aceitável do que a do historiador leigo, não compromissado com dogmas.

Hermínio C. Miranda, a esse propósito, cita Will Durant escrevendo que esse historiador do século XX, ao abordar o tema da historicidade de Jesus, considera da maior importância a moderna atitude crítica perante a Bíblia, questionando, de um lado, sua autenticidade e veracidade e, de outro, a tentativa de salvar os "alicerces da fé cristã". Acha mesmo que os resultados de tais estudos poderão revelar-se, com o tempo, mais revolucionários do que o próprio cristianismo.

A conclusão de Durant, em sua própria e elegante linguagem é a seguinte:

> Que uns poucos homens simples pudessem ter inventado, numa só geração, uma personalidade tão vigorosa e atraente, uma ética tão elevada e uma visão tão inspiradora de fraternidade humana, seria milagre muito mais incrível do que qualquer outro constante nos evangelhos.

Ao cabo de dois séculos de crítica, o perfil da vida, do caráter e dos ensinamentos de Jesus permaneceu razoavelmente claro e constitui a mais fascinante característica da história do homem ocidental.

Continua Hermínio Miranda com outro historiador leigo, Herbert G. Wells, escrevendo que este raciocina de forma semelhante a Durant e chega á idênticas conclusões.. Wells considera Jesus como a semente e não como o fundador do cristianismo. Expressa as dificuldades com as quais se defronta o historiador moderno perante a exiguidade das fontes de consultas. Segundo muitos, escreve Wells, os três evangelhos sinóticos, resultariam de uma única fonte primitiva e o de João, distingue-se dos de Marcos, Mateus e Lucas, por ser fortemente colorido por teologia de caráter helenístico. Para ele, o de Marcos seria o relato mais confiável sobre a personalidade e os ditos de Jesus. Os quatro evangelhos, porém, produzem a mesma convicção de realidade também encontrável nas fontes primitivas sobre Buda. A despeito de incríveis e miraculosos aditamentos, fala Wells, somos obrigados a dizer: "Aí está o Homem, essa parte da história não poderia ter sido inventada".

Hermínio Miranda resume e conclui:

> Não obstante o desastrado esforço mitificador que tentou aprisionar a personalidade histórica de Jesus numa rede de fantasias, os componentes básicos de sua imagem resistem e persistem, tornando-a suscetível de uma aceitável restauração, mesmo ante a exiguidade da evidência documental. Seria errôneo supor que estão para sempre fechadas todas as vias de acesso a uma completa reconstituição histórica, não apenas quanto a sua figura, aos seus ensinamentos, ao ambiente em que viveu, às coisas que realmente fez, disse e ensinou. Isso porque os seres humanos que com ele conviveram são tão imortais quanto ele próprio e, portanto, continuam vivos, conscientes, dotados de inteligência, de experiência e de memória.

Bibliografia

MIRANDA, Hermínio C., *Cristianismo: A mensagem esquecida*, Casa Editora O Clarim, Matão (SP), 1988.

12

FARDO LEVE E JUGO SUAVE

... pois é suave o meu jugo e leve o meu fardo.
(Mateus: XI, 30)

DISSE JESUS:

> Vinde a mim, todos vós que estais aflitos e sobrecarregados, que eu vos aliviarei. Tomai sobre vós o meu jugo e aprendei comigo que sou brando e humilde de coração e achareis repouso para vossas almas, pois é suave o meu jugo e leve o meu fardo" (Mt.: XI, 28-30).

A maioria dos cristãos pede a Jesus que os livre das aflições e das sobrecargas, com tal empenho que, muitas vezes, propõem promessas e barganhas que são negócios, do tipo "toma lá e dá cá" e, que realmente são para "inglês ver". Não se deseja nem repouso e nem alívio, como prometido pelo Mestre, mas o cômodo afastamento definitivo dos sofrimentos, das aflições e das dores.

Não foi isso que prometeu Jesus e, nem poderia fazê--lo, pois o Mestre nunca contrariou as leis de Deus e, no caso, seria infringir uma das leis do Pai, entre as maiores, a lei de justiça. Quem sofre aflições e sobrecargas físicas ou morais estão, misericordiosamente, "pagando" erros ou, mais corretamente, expiando faltas anteriores para retornar, aliviado, ao aprisco do Senhor, com a lição aprendida. A expressão "pagar erros", bem como "ser castigado pelas faltas", provém do vocabulário das religiões tradicionais que ainda fazem do Criador, Deus de amor, de misericórdia e de justiça um pai humano, severo e vingativo, semelhante a nós.

Deus não castiga o pecador, mas o ensina e o educa, buscando-lhe o arrependimento e o ressarcimento das suas faltas, quase sempre cometidas contra seus irmãos.

Jesus foi, como sempre em seus ensinos morais, bem claro. Nessa passagem em Mateus se expressa com clareza meridiana, dizendo: "vinde a mim que eu os aliviarei", "Aprendei comigo, com humildade e com brandura, a carregar o meu fardo".

Não é necessário ser muito inteligente para entender o que Jesus prometeu:

1. Prometeu alívio a quem vai até ele, isto é, a quem segue seus ensinamentos e o toma como modelo e como exemplo.

2. Auxiliar-nos a carregar o seu fardo, o que também significa segui-lo, quando ele nos dá forças e meios para que carreguemos o nosso fardo com paciência e com resignação.

Nem Jesus e nem Deus podem, dentro da divina justiça e sem privilégios, carregar o nosso fardo ou perdoar os nossos pecados, pois as leis do Criador são eternas, perfeitas e imutáveis.

Se o Ser eterno e perfeito não pode e nem Jesus, santo e abençoado filho do Criador pode, quem poderia então? Porventura seria algum deus de privilégios, que guiaria um povo em detrimento dos demais?

Parece-nos que foi essa a origem da crença que Deus privilegiaria alguns fiéis, deixando todos os outros entregues a si mesmos. Esse deus poderia ser o chamado "deus dos exércitos", protetor de determinado povo que, para conquistar toda a terra, como prometido em antiga aliança, guiaria seus exércitos, à frente deles com um deus guerreiro.

Jesus, ao receber do Criador a incumbência de nos trazer sua "boa-nova", escolheu, há cerca de 2.000 anos atrás, encarnar-se entre os descendentes de Abrão, o Patriarca, povo que, na época do seu nascimento, vivia na Palestina, que fora conquistada à força por Josué, sucessor de Moisés, na longa caminhada de 40 anos.

Porventura existia, no planeta e naquela época, algum outro povo monoteísta, conhecedor do decálogo e que pudesse abrigar o Mestre em sua estada entre nós, trazendo-nos o evangelho? Também não foi Jesus que, em sua mensagem, o evangelho, nos ensinou que Deus não é nem vingativo nem injusto e que deva ser temido, mas é Pai amoroso, misericordioso e justo, que deve ser amado e não temido?

Parece-nos também, que os sucessores dos primeiros fiéis, seguidores de Jesus, alguns poucos séculos após seu nascimento, romanizados então, assumiram que o Mestre fundou uma nova religião na qual alguns velhos costumes dos gentios de então, hábitos e crenças quase nada ligados ao decálogo e ao evangelho, foram adotados. Foi assim que o antigo deus dos exércitos, parcial, injusto e privilegiador foi entronizado no lugar de Deus Pai. Também foi assim que se aceitou que esse deus pode, não somente, perdoar pecados como pode outorgar esse fabuloso privilégio para alguns poucos escolhidos.

13

FÉ EXEMPLAR

A fé é o emblema da perfeição
Allan Kardec

O MAIS MARCANTE exemplo de fé nos evangelhos é a passagem sobre a cura do servo do centurião, registrada por Mateus (Mt 8:5-13). Nela, o evangelista relata o mais belo exemplo de fé, admirado por Jesus pela sua grandeza, ao lado de rico conteúdo de ensinamentos e de extraordinário valor:

> E, quando entrou em Cafarnaum, aproximou-se dele um centurião, rogando-Lhe: 'Senhor, meu servo está em casa paralítico, de cama, e padece muito'. 'Eu irei curá-lo', disse-lhe Jesus. 'Senhor eu não sou digno de que entre em minha casa; mas dize uma só palavra, e meu servo será curado', respondeu o centurião. 'Pois eu, que sou apenas um subalterno,

> só porque tenho soldados às minhas ordens, digo a um: 'Vai ali'. e ele vai; e a outro: 'Vem cá', e ele vem; e ao meu servo: 'Faze isto', e ele o faz'.
> Ouvindo isso, admirou-se Jesus e disse aos que o seguiam: 'Em verdade vos digo: Não achei tão grande fé em Israel. Digo-vos, pois, que virão muitos do Oriente e do Ocidente e participarão do festim do reino de Deus com Abraão, Isaac e Jacó; enquanto os filhos do reino serão lançados nas trevas de fora, onde haverá choro e ranger de dentes'. E disse ao centurião: 'Vai; faça-se conforme creste'. E naquela mesma hora o servo ficou curado.

Além da marcante e esplêndida fé do comandante romano, a passagem mostra também sua humildade, procurando pessoalmente Jesus, e sua fraternidade por um simples empregado, talvez judeu.

O centurião romano de Cafarnaum, no tempo de Jesus, foi um dos precursores da universalização, entre os gentios, da fé dos hebreus no Deus único e dos ensinos de Moisés, dos profetas e de Jesus a todos os homens.

O nome desse extraordinário romano não foi anotado por nenhum dos evangelistas, deixando-nos curiosos sobre a sua identidade. Em 1999 o espírito J. W. Rochester, pela psicografia de Maria G. Coelho Maluf ditou a obra *Cornélius: O centurião que viu Jesus"*, na qual o comandante da centúria de Cafarnaum é identificado como Cornélio, cuja história prossegue até idade avançada, vivendo em Roma acobertado da perseguição aos cristãos. Caso o livro não seja obra de ficção espírita, pelo menos é um belo romance mediúnico.

Cabe-nos, vinte séculos após, meditarmos sobre a consagrada frase do centurião: "Eu não sou digno...", para não mais pedirmos, como fazemos com frequência, para que Jesus venha às nossas casas, para ajudar-nos, como se ele fosse um nosso serviçal, pronto a nos livrar de dificuldades e de aperturas. Copiemos, humildemente, o romano, formulando rogativas condizentes e respeitosas à excelsa perfeição do Mestre.

Kardec, em *O Evangelho segundo o Espiritismo,* lembra-nos que a fé não se compra nos templos dos mercadores, nem nas feiras; não se dá por esmolas e nem se adquire por herança. Ela é somente adquirida pelo cumprimento dos deveres que nos cabem na encarnação e, especialmente pela aquisição de conhecimento, com trabalho e com esforço. A fé é uma construção lenta sobre o estudo e o conhecimento. Também afirma, enfaticamente, o mestre lionês: "fé verdadeira é a que pode encarar a razão, face a face, em qualquer época da Humanidade". Essa é a fé que o espiritismo proporciona – fé raciocinada – que é fé racional e lógica.

A fé espírita é fé raciocinada. Ela se apoia nos fatos e na lógica, não deixando nenhuma obscuridade. Crê-se porque se tem o conhecimento que nos leva à certeza, e só se está certo quando se compreendeu. Eis porque ela é firme. E mais: "Só é inabalável a fé que pode enfrentar a razão, face a face, em todas as épocas da Humanidade", como nos afirma Kardec.

É a esse resultado que o estudo do espiritismo conduz, triunfando assim sobre a incredulidade e o materialismo.

14

FÉ RACIOCINADA

DAS VIRTUDES TEOLOGAIS – fé, esperança e caridade – a fé é a menos vivenciada por nós, encarnados. É aquela da qual Jesus disse que se dela tivéssemos pouco que seja, moveríamos até montanhas e da qual bastaria um grão de mostarda para que se pudesse fazer o que o Mestre galileu fez nos abençoados três anos da sua pregação.

É possível que a descrença nessa poderosa alavanca de nobres feitos, tenha vindo dos abusos praticados em seu nome, impondo-nos muitas vezes à força, proposições religiosas difíceis de serem racionalmente aceitas.

Jesus utilizou a fé de seus seguidores para a realização dos feitos extraordinários e das curas, como lemos nos evangelhos. Cerca de 18 séculos depois o tema foi retomado e ordenado, pelo espiritismo, como lemos no capítulo XIX de *O Evangelho segundo o Espiritismo* – "A fé transporta montanhas". Infelizmente, em alguns séculos entre o evangelho e o advento da doutrina espírita, muitos de nós, hoje encarnados, fomos mortos de maneira cruel por não aceitarmos plenamente a fé imposta.

É assim que o trauma e a pequena lógica do passado religioso, registrados em nossas memórias espirituais, dificulta-nos viver uma fé sadia e racional.

Sobre essa virtude Allan Kardec escreveu no mencionado capítulo XIX:

> *A fé é o maior tesouro da alma;*
> *é o que nos eleva em direção a Deus;*
> *é a luz que ilumina nossos destinos;*
> *é a sabedoria que enriquece nossa inteligência;*
> *é o fervor que exalta nosso coração;*
> *é o EMBLEMA DA PERFEIÇÃO.*

Nossos irmãos descrentes sejam eles agnósticos, ateus ou materialistas, não creem na existência de Deus, nem em espíritos imortais e desprezam os ensinos de Jesus e os ensinamentos da doutrina espírita. Talvez a falta dessa luz dificulte-lhes o trilhar pelo caminho do bem e do amor. Acreditamos que eles tenham outro tipo de fé: a fé no mundo material e na vida transitória e única para eles. Assim sendo, lhes é natural e lógico tirar da vida material, tudo o que lhes pode dar em conforto, em prazer e em vantagens. Parece-lhes irracional sacrificar essa comodidade e prazeres por nada e nem pelos outros.

A fé autêntica e racional, a fé nos valores espirituais, é a causa primária da generosidade, da caridade e da esperança. Mais ainda, é a causa que eleva o encarnado aos arroubos da alma, é a luz que brilha na inteligência, é a dignificadora do homem, elevando-o e santificando--o nas virtudes de Deus.

Em nossa língua portuguesa não há palavra menor, com duas letrinhas somente, que fale mais alto ao coração e à razão. Ter fé é ter certeza em nosso destino imortal, é guiar-nos na estrada grandiosa e iluminada que o Cristo nos deixou: o caminho que nos leva ao Pai Criador.

E nós, irmãos aqui reunidos, que tipo de fé possuímos? A materialista ou a que remove montanhas? É bem provável que nossa fé não seja nenhuma dessas duas, mas uma intermediária, uma fé raquítica que, no entanto, graças à misericórdia de Deus nos leva a acreditar n'Ele, em Jesus e no espiritismo.

A fé nos valores elevados não cai dos céus e nem é uma graça dada pelo Pai, mas é a fé que se conquista e que se adquire pelos estudos e pelos esforços persistentes e contínuos. Enfim, a fé é fruto do conhecimento.

Vejamos, agora, alguns exemplos esclarecedores de fé e de seus efeitos extraídos dos evangelhos:

1. Jesus caminhando sobre as águas (Mt 14: 25-31). Na quarta vigília da noite foi Jesus ter com eles, andando sobre o mar. Os discípulos vendo-o andar sobre o mar perturbaram-se e exclamaram: "É um fantasma!" E de medo gritaram. Mas Jesus imediatamente lhes falou: "Tende ânimo, sou eu, não temais". Disse Pedro: "Se és tu, senhor, ordena que eu vá por cima das águas até onde estas". E ele disse: "Vem!" E Pedro, saindo da barca, andou sobre as águas e foi para Jesus. Quando, porém, sentiu o vento, teve medo e começando a submergir, gritou: "Salva-me, senhor!" No mes-

mo instante Jesus, estendendo-lhe a mão, segurou-o e disse-lhe: "Por que duvidaste, homem de pouca fé?".

Os acontecimentos com Pedro mostram-nos, claramente, o poder da fé: Passados o susto e o medo, Simão, inspirado e impulsivamente, pede a Jesus para caminhar até ele, caminhando sobre o lago. Jesus atende chamando-o e o pescador sai da barca com fé firme, caminhando desassombradamente sobre a estrada líquida, com a sustentação fluídica de Jesus. Entretanto, com medo do inusitado, tornado evidente pelo vento frio, Pedro vacila em sua fé, perdendo assim a sustentação vinda de Jesus. Apavorado, num ímpeto de fé, recorre novamente ao Mestre, que o atende, admoestando sobre sua vacilante fé.

2. A cura de dois cegos (Mt 9: 27-30). Saindo Jesus, dois cegos o seguiram gritando: "Tem piedade de nós, filho de Davi". Quando chegou em casa os dois cegos se aproximaram e ele lhes perguntou: "Credes que vos posso fazer isso?" Sim, senhor responderam eles, com firmeza. Então lhes tocou os olhos dizendo: "Faça-se segundo a vossa fé." E seus olhos se abriram.
3. O pedido de fé pelos apóstolos (Lc 17:5-8). E disseram os apóstolos ao Senhor: "Aumenta-nos a fé", mas o Senhor lhes disse: "Se tivésseis fé como um grão de mostarda, diríeis a esta amoreira, arranca-te e transporta-te ao mar e ela vos obedeceria. Qual de vós, tendo um servo ocupado na

> lavoura ou guardando gado, quando ele voltar do campo lhe dirá: Vem já sentar-te à mesa e, que antes não lhe dirá: Prepara-me a ceia, cinge-te para servir-me, enquanto eu como e bebo, e depois tu comerás e beberás?"

A primeira parte dessa passagem mostra enfaticamente o poder da fé, como já foi falado. Mais importante aqui é entender como se pode conquistar e aumentar a fé, processo implícito no exemplo do trabalho do servo, mostrado por Jesus. Ficou subentendido que a fé, bem como a prosperidade espiritual, é conquista pessoal do homem pelo trabalho, pelas obras e pelos estudos.

Que disse o Mestre ao responder o pedido dos discípulos? Não teria sido: "Eu não posso dizer que senteis já à mesa e que comais. Trabalhai primeiramente, preparando-me a ceia, cingi-vos para servir-me e depois comereis." Em resumo: a fé se adquire pelo trabalho e pelo conhecimento.

A falta de fé bloqueia a ação dos taumaturgos, bastando lembrar que Jesus, em sua terra Nazaré, não realizou nenhum "milagre", pela descrença de seus conterrâneos. Sobre isso ele disse: "Ninguém é profeta em sua terra."

Kardec lembra-nos que a fé não se compra nos templos dos mercadores, nem nas feiras; não se dá por esmolas e nem se adquire por herança. Ela é somente adquirida pelo cumprimento dos deveres que nos cabe na encarnação e, especialmente pela aquisição de conhecimento, com trabalho e com esforço. A fé é uma construção lenta sobre o estudo e o conhecimento.

Também afirma, enfaticamente, o mestre lionês: "Fé verdadeira é a que pode encarar a razão, face a face, em qualquer época da Humanidade". Essa é a fé que o espiritismo proporciona – FÉ RACIOCINADA, FÉ RACIONAL!

Poderíamos trazer muitos outros exemplos evangélicos sobre o valor e a importância da fé, para nós, entretanto, só mais uma passagem evangélica será recapitulada, como fecho, especialmente pelo seu rico conteúdo e ensinamentos e pela extraordinária beleza do exemplo:

4. A cura do servo do centurião (Mt 8: 5-13). Tendo Jesus entrado em Cafarnaum, chegou-se a ele um centurião e rogou-lhe: "Senhor, meu servo jaz em casa paralítico, de cama, sofrendo muito". Disse--lhe Jesus: "Eu irei curá-lo". Mas o centurião respondeu: "Senhor eu não sou digno de que entre em minha casa, mas dize uma só palavra e meu servo há de sarar. Porque eu também sou um homem sujeito e acostumado à autoridade e tenho soldados às minhas ordens – digo a um, vai ali e ele vai, a outro vem cá e ele vem, e ao meu servo faze isto e ele faz". Jesus ouvindo isso admirou-se e disse aos que o acompanhavam: "Em verdade vos digo que nem mesmo em Israel encontrei tamanha fé. E digo-vos também, que muitos virão do oriente e do ocidente, e hão de sentar-se com Abraão, Isaac e Jacó no Reino dos Céus, mas os filhos deste reino serão lançados nas trevas exte-

> riores: ali haverá choro e ranger de dentes". Então disse Jesus ao centurião: "Vai-te e, como creste, assim te será feito". E naquela mesma hora sarou o servo.

Ressaltamos como ponto marcante, nessa passagem, a fé, a humildade e a fraternidade do centurião.

Todos nós devemos meditar sobre a inspirada e consagrada frase do centurião: "Eu não sou digno...", para não pedir, tão frequentemente, que Jesus venha às nossas casas, para ajudar-nos, como se fosse nosso serviçal, pronto a nos livrar de dificuldades e de aperturas. Aprendamos com o centurião a formular rogativas mais humildes e mais respeitosas com a excelsa perfeição e bondade de Jesus.

Esse centurião romano foi um dos precursores, entre os gentios, e já no tempo de Jesus, da universalização da fé dos hebreus no Deus único e dos ensinos de Moisés, dos profetas e de Jesus Cristo.

O nome desse comandante não foi anotado por nenhum dos evangelistas, deixando-nos curiosos sobre sua identidade.

Kardec, em *O Evangelho segundo o Espiritismo* esclarece-nos: Em seu aspecto religioso a fé é a crença nos dogmas particulares que constituem as bases das diferentes religiões e, todas elas têm seus artigos de fé. Nesse sentido a fé pode ser raciocinada ou pode ser cega. A fé cega nada examina, aceitando sem controle, o falso e o verdadeiro e, a cada passo choca-se com a evidência da razão. Levada ao excesso produz o fanatismo, hoje fundamentalismo. Quando a fé se afirma no erro, cedo ou tarde, desmorona.

Aquela fé que tem a verdade por base é a única que tem o futuro assegurado, porque nada deve temer do progresso do conhecimento, já que o verdadeiro na obscuridade também o é a plena luz.

A fé espírita é fé raciocinada. Ela se apoia nos fatos e na lógica, não deixando nenhuma obscuridade. Crê-se porque se tem o conhecimento que nos leva à certeza, e só se está certo quando se compreendeu. Eis porque ela é firme.

Repetimos: Só é inabalável a fé que pode enfrentar a razão, face a face, em todas as épocas da Humanidade.

É a esse resultado que o estudo do espiritismo conduz, triunfando assim sobre a incredulidade e o materialismo.

15

FERNANDO PESSOA – O MÉDIUM DOS HETERÔNIMOS

FERNANDO PESSOA É um poeta que sempre nos impressionou vivamente, pelo seu talento, pelo seu brilho, pelo seu engenho e, mais recentemente, pela sua marcante e variada mediunidade.

Adolfo Casais Monteiro, em 13 de janeiro de 1935, ainda em Portugal, recebeu uma carta de Fernando Pessoa, que foi publicada no número 49 da revista "Presença", de junho de 1937. Fernando Pessoa faleceu pouco depois, em novembro daquele ano. Jorge de Sena, amigo de ambos os poetas inseriu a mesma carta na segunda edição de seu livro *Páginas de doutrina estética* (Editorial Inquérito Limitada, Lisboa, 1946).

Muitos trechos da carta são tão esclarecedores, que por si só mostram claramente que Fernando Pessoa foi um médium, dotado de ampla capacidade mediúnica, sem ter a mínima ideia disso e de desconhecer totalmente o espiritismo, cujas práticas ele denominava bruxaria intelectualizada. Trechos selecionados da carta, impressos em tipo itálico foram utilizados para nossos comentários, impressos em tipo comum

A mediunidade do poeta teve início em sua infância, como é frequente entre as crianças, mas prosseguiu por toda a sua vida como ele mesmo descreve:

> Desde criança tive a tendência para criar em meu torno um mundo fictício, de me cercar de amigos e conhecidos que nunca existiram. ... Desde que me conheço como sendo aquilo a que chamo eu, me lembro de precisar mentalmente, em figura, movimentos, caráter e história, várias figuras irreais que eram para mim tão visíveis e minhas como as cousas daquilo a que chamamos, porventura abusivamente, a vida real. Esta tendência, que me vem desde que me lembro de ser um eu, tem-me acompanhado sempre, mudando um pouco o tipo de música com que me encanta, mas não alterando nunca a sua maneira de encantar.

Fernando Pessoa descreve seus dois primeiros heterônimos nos seguintes termos:

> Lembro, assim, o que me parece ter sido o meu primeiro heterônimo, ou, antes, o meu primeiro conhecido inexistente – um certo Chevalier de Pas dos meus seis anos, por quem escrevia cartas dele a mim mesmo, e cuja figura, não inteiramente vaga, ainda conquista aquela parte da minha afeição que confina com a saudade. Lembro-me, com menos

> nitidez, de uma outra figura, cujo nome já me não ocorre, mas que o tinha estrangeiro também, que era, não sei em quê, um rival do Chevalier de Pas... Cousas que acontecem a todas as crianças? Sem dúvida – ou talvez. Mas a tal ponto eu as vivi que as vivo ainda, pois que as relembro de tal modo que é mister um esforço para me fazer saber que não foram realidades.

Ele estava certo ao imaginar que tais fenômenos ocorrem frequentemente entre crianças, mas não certo ao afirmar que as figuras não foram realidades. De fato não eram realidades físicas ou materiais, mas sim, seres espirituais reais, em sua dimensão própria, invisíveis para os não médiuns, como nós, a maioria dos homens.

O desenvolvimento da mediunidade em Fernando Pessoa adulto pode ser apreciada em:

> Esta tendência para criar em torno de mim um outro mundo, igual a este, mas com outra gente, nunca me saiu da imaginação. Teve várias fases, entre as quais esta, sucedida já em maioridade. Ocorria-me um dito de espírito, absolutamente alheio, por um motivo ou outro, a quem eu sou, ou a quem suponho que sou. Dizia-o imediatamente, espontaneamente, como sendo de certo amigo meu, cujo nome inventava, cuja história acrescentava, e cuja figura – cara, estatura, traje e gesto – imediatamente eu via diante de mim. E assim arranjei, e propaguei, vários amigos e conhecidos que nunca existiram, mas que

> ainda hoje, a perto de trinta anos de distância, ouço, sinto, vejo. Repito: ouço, sinto, vejo... E tenho saudades deles.

Grifamos o "ouço, sinto, vejo", afirmados e reafirmados, pelo poeta como evidente demonstração da sua mediunidade, demonstração feita por ele mesmo, sem entender suas próprias faculdades mediúnicas, as quais, chegou a imaginar, poderem ser frutos de perturbação mental. Entretanto, em dado trecho da carta, afirma acertadamente: "Não estou doido nem bêbado", e, erroneamente "não sei se sou histérico ou ... um histero-neurastênico."

A seguir, em bloco, citaremos trechos da carta em que seu autor descreve ricamente o aparecimento de seus três principais heterônimos: Ricardo Reis, Alberto Caeiro e Álvaro de Campos:

> Aí por 1912, salvo erro (que nunca pode ser grande), veio-me à ideia escrever uns poemas de índole pagã. Esbocei umas coisas em verso irregular (não no estilo Álvaro de Campos, mas em estilo de meia regularidade), e abandonei o caso. Esboçara-se-me, contudo numa penumbra mal urdida, um vago retrato de pessoa que estava a fazer aquilo. (Tinha nascido, sem que eu soubesse, o Ricardo Reis).
>
> Ano e meio, ou dois anos depois, lembrei-me um dia de fazer uma partida ao Sá-Carneiro - de inventar um poeta bucólico, de espécie complicada, e apresentar-lho, já não me lembro como, em qualquer es-

> pécie de realidade. Levei uns dias a elaborar o poema mas nada consegui. Num dia em que finalmente desistira - foi em oito de março de 1914 - acerquei-me de uma cômoda alta, e, tomando um papel, comecei a escrever, de pé, como escrevo sempre que posso. E escrevi trinta e tantos poemas a fio, numa "espécie de êxtase" cuja natureza não consegui definir. Foi o dia triunfal da minha vida, e nunca poderei ter outro assim. Abri com um título, O Guardador de Rebanhos. E o que se seguiu foi o aparecimento de alguém em mim, a quem dei desde logo o nome de Alberto Caeiro. Desculpe-me o absurdo da frase: aparecera em mim o meu mestre. Foi essa a sensação imediata que tive. E tanto assim que escritos que foram esses trinta e tantos poemas, "imediatamente" peguei noutro papel e escrevi, a fio, também, os seis poemas que constituem a Chuva Oblíqua, de Fernando Pessoa. Imediatamente e totalmente.... Foi o regresso de Fernando Pessoa-Alberto Caeiro a Fernando Pessoa ele só. Ou, melhor, foi a reação de Fernando Pessoa contra "a sua inexistência como Alberto Caeiro."

Sublinhamos "numa espécie de êxtase" por ser esta a expressão que descreve o envolvimento mediúnico de um médium por uma entidade espiritual. Imaginamos que o poeta tenha utilizado este termo técnico do espiritismo, por inspiração. Também sublinhamos o "imediatamente", para indicar que com o afastamento do espírito Alberto Caeiro, o médium voltou a ser ele mesmo, Fernando Pessoa. E sublinhamos também "a sua inexistência como Alberto Caeiro" para ressaltar que Caeiro e Pessoa são dois espíritos distintos, ambos poetas.

Nessa época Fernando Pessoa existia como um ser humano, isto é, como um espírito (ou alma, no caso) vivendo e atuando num corpo material, enquanto que Alberto Caeiro já estava no Mundo Espiritual, onde se vive sem corpos físicos. O Fernando Pessoa, em carne e ossos ou encarnado, sabia ser distinto do invisível amigo poeta (invisível para nós, mortais não médiuns), tal como "O Guardador de Rebanhos" é distinto do "Chuva Oblíqua", pois o primeiro poema é do poeta Caeiro e o segundo do poeta Pessoa. Embora amigos, poetas sempre se competem de alguma forma.

A primeira comunicação de Álvaro de Campos é descrita logo seguindo o surgimento de Caeiro, nas seguintes palavras:

> Aparecido Alberto Caeiro, tratei logo de lhe descobrir - instintiva e subconscientemente - uns discípulos. Arranquei do seu falso paganismo o Ricardo Reis latente, descobri-lhe o nome, e ajustei-o a si mesmo, porque nessa altura já o via. E, de repente, e em derivação oposta à de Ricardo Reis, surgiu-me impetuosamente um "novo indivíduo". Num jacto, e à máquina de escrever, sem interrupção nem emenda, surgiu a Ode Triunfal de Álvaro de Campos - a Ode com esse nome e o homem com o nome que tem.

Novamente utilizamos o recurso de sublinhar trechos ou palavras para examiná-los dentro do conhecimento da doutrina espírita. Fernando Pessoa, sabendo ou não o que fazia, reconhece Álvaro como "um novo indivíduo", isto é como uma pessoa real e distinta dele Fernando e dos demais heterônimos, estes vivendo na dimensão espiritual do mundo e Fernando Pessoa, naquela época, na dimensão material e visível do mesmo mundo.

Encerramos nosso pequeno ensaio com os magistrais versos:

Valeu a pena? Tudo vale a pena
Se a alma não é pequena.

16

JESUS CRISTO: O MESTRE E O EDUCADOR

Educar é desenvolver progressivamente as faculdades espirituais do homem.
Pestalozzi

Educar é salvar, é remir, é libertar.
Vinicius

NOSSO ENSAIO É calcado num pequeno "grande" livro publicado em 2004, cuja leitura, feita de um só fôlego, mostrou-nos que o autor, Luiz Cláudio Costa, é de sobeja cultura, possuindo excelentes ideias sobre o tema: "Jesus, o educador", título da obra, sobre a existência histórica de Jesus bem como de seus métodos pedagógicos.

Durante séculos muitos historiadores, cientistas e filósofos tentaram "matar" Jesus. Mas Ele resistiu a todas as investidas de materialistas e de ateus. A cuidadosa pesquisa e análise do Luiz Cláudio nessa obra sobre arqueologia bíblica e análises dos quatro evangelhos canônicos mostram não existir mais dúvidas - Jesus existiu! Essa certeza, como ele mostra, advém dos estudos de pesquisadores das mais conceituadas universidades do mundo, de arqueólogos e de historiadores, também conceituados.

Entretanto, uma série de dúvidas ainda persiste: Teria ele nascido em Belém, da Judeia, conforme previram os profetas hebreus, ou em Nazaré da Galileia? Qual teria sido a data do seu nascimento: no início do nosso calendário, no ano 01, ou em 04 a.C. ou no ano 07, também antes de Cristo? Teria ele nascido em abril? O que fez Jesus dos doze aos trinta anos? É bem possível que dúvidas continuem a existir e persistam por algum tempo, mas a realidade é que tais dúvidas, apesar de importantes para o nosso encontro com o Jesus histórico, em nada impedem ou prejudicam a análise de seus ensinamentos.

A razão da existência das dúvidas sobre a vida de Jesus é não haver, por parte dos evangelistas a preocupação de escrever a biografia ou a história de Jesus, mas simplesmente contar os seus feitos e seus ensinos. Por isso, apesar dos muitos escritos sobre Jesus, muitos pontos de sua vida pessoal, mesmo nos três anos de seu magistério não são conhecidos, mas a essência e a beleza dos seus ensinamentos em nada foram empanadas por isso. Essa essência, basicamente, está presente nos documentos que nos chegaram na forma do Novo Testamento.

O evangelista Lucas (Lc I:1-2), em sua narração para Teófilo, logo no início de seu evangelho diz: "...segundo nos transmitiram os que presenciaram". Assim, como

Jesus nada escrevera, os fatos foram narrados de acordo com a interpretação daqueles que os presenciaram. Jesus falava o hebraico, língua das sinagogas e das escolas, mas vários dos seus discursos foram feitos em aramaico, a língua dos simples e do povo.

A popularidade da língua aramaica na época de Jesus, língua da antiga Síria ou Aram, era devido ao grande envolvimento comercial da Palestina com essa região, logo ao norte. Apesar da semelhança linguística entre esses dois idiomas, há grandes diferenças entre o aramaico e o hebraico. Essas dessemelhanças constituem profundas dificuldades na tradução dos ensinamentos de Jesus em aramaico para o hebraico, para o grego e finalmente para o latim.

Além do mais, como já dissemos, é preciso considerar que não havia por parte dos evangelistas o desejo de escrever a biografia de Jesus. Naquela época valorizava-se mais a disseminação oral do conhecimento. O grande objetivo dos evangelistas, dois dos quais, Mateus e João, foram testemunhas oculares dos fatos, era o de relatar, para os gentios, para os romanos e para os próprios judeus, a figura, os feitos e os ensinamentos grandiosos de Jesus. Além do mais os evangelistas não eram e nem pretenderam ser historiadores.

Assim, os ensinamentos trazidos por Jesus estiveram sujeitos à interpretação individual de cada um dos que o ouviram, daí estarem envoltos por erros de interpretação, e isso pode ser claramente constatado nos evangelhos.

Mateus apresenta um relato voltado para os judeus.

Daí tratar Jesus, em vários momentos, como filho de Davi. O seu é o mais extenso dos evangelhos e foi originalmente escrito em hebraico.

Marcos, por sua vez, faz um evangelho voltado para os romanos. Nesse relato os ensinamentos do Cristo são escassos enquanto os feitos extraordinários de Jesus são ressaltados, parecendo que o autor queria mostrar aos romanos ser Jesus realmente um ser especial. A versão primitiva deste evangelho, dito "protomarcos", hoje desaparecida, é supostamente o mais antigo dos relatos evangélicos e serviu de base aos do próprio Marcos atual, ao de Mateus e ao de Lucas. O de Marcos, canônico, foi escrito na língua grega do povo e não no grego clássico. Assim é que alguns estudiosos da gênese dos evangelhos acreditam que o de Marcos é o primeiro enquanto que outros pesquisadores acreditam que o de Mateus tenha sido o primeiro, derivado das anotações do publicano Levi, posteriormente, pela escolha do Mestre, conhecido como Mateus.

Lucas, que era de origem grega, apresenta um evangelho para os gentios. Médico que era faz um evangelho que apresenta a radiografia de um Jesus amor, um Jesus sensível que conquista todos os corações. Discípulo de Paulo de Tarso, frequentemente usava a primeira pessoa do plural, "nós", referindo-se a si e a Paulo. Pela sua formação, grego de origem e médico, escreveu num grego melhor que o de Marcos.

O evangelho de João, por sua vez, apresenta um Jesus com pensamentos altamente sofisticados, um Jesus de diálogos profundos, semelhantes aos belos textos da filosofia grega. Acredito que também tenha sido escrito na língua grega, pois João viveu em Éfeso, seus últimos longos anos, quando escreveu seu evangelho.

Essas dificuldades todas levaram o papa Dâmaso, no ano de 383, solicitar de São Jerônimo, a análise, a revisão, a sistematização e a conciliação dos escritos sobre Jesus.

O período que antecedeu os trabalhos de Jerônimo, foi de extrema gravidade para o cristianismo. No ano de 312, o imperador romano Constantino enfrentou Maxêncio, um rival ao trono romano, numa batalha, nas vésperas da qual afirma ter ouvido vozes e ter visto sinais no céu que lhe asseguravam a vitória, incitando-o a colocar o símbolo dos cristãos em sua tropa. Na batalha, apesar de inferiorizado, Constantino venceu e seu inimigo morreu afogado no Tibre. Tal fato foi determinante para a conversão "oficial" dos romanos ao cristianismo. O símbolo usado pelos primeiros seguidores de Jesus foi a figura de um pequeno peixe e, pelo descrito, foi a suposta visão de Constantino que mudou o símbolo para a cruz, lembrando, continuadamente, do triste episódio da tríplice crucificação no alto do Gólgota.

Em 313, reconhecido, Constantino fez publicar o Édito de Tolerância de Milão, permitindo liberdade religiosa aos cristãos no Império Romano. Assim, ao mesmo tempo em que permitiu a expansão do cristianismo, provocou uma mudança de rota em seu curso. O cristianismo, que era uma religião da transformação do ser, começou a ter que aprender a conviver com o poder.

O trabalho exigido pelo papa Dâmaso a São Jerônimo, de grande envergadura e profunda responsabilidade requeria interpretações subjetivas que foram objeto de críticas de Santo Agostinho, à época. O próprio Jerônimo reconheceu essa enorme responsabilidade, somente aquiescendo ao trabalho por obediência ao papa.

Apesar das críticas e das dificuldades, a partir do século VIII, o trabalho de Jerônimo foi adotado por todos os povos cristãos. A partir daí diversos concílios apresentaram modificações na proposta de Jerônimo que já trazia em si mesma alterações dos ensinos de Jesus.

Sobre a vida de Jesus, ou seja, sobre o Jesus histórico, o século XX foi rico em descobertas que trouxeram valiosas contribuições para esse estudo. Duas grandes descobertas arqueológicas trouxeram luz sobre a vida e os ensinos do Mestre nos primeiros 30 a 40 anos de nosso calendário, a Era d.C.. A primeira ocorreu no Egito em 1945, na localidade de Nag-Hammadi. Um camponês, em sua faina, encontrou vasos de cerâmica contendo vários rolos de papiro. A segunda aconteceu dois anos depois, em 1947, quando rolos metálicos foram encontrados em cavernas próximas ao Mar Morto, na Judeia.

O que sobrou dos papiros, pois alguns foram utilizados para fazer fogo, foi identificado como o evangelho de Judas e Tomé, isto é, uma cópia preciosa do perdido e valioso Evangelho de Tomé, um dos doze. Tal descoberta teve grande impacto nos estudos sobre Jesus encarnado.

Os manuscritos do Mar Morto, apesar de grande importância sobre o conhecimento de costumes da época de Jesus, tiveram menos impacto, uma vez serem documentos pertencentes a uma comunidade essênia, que habitou a região cerca de um século antes de Cristo.

Esse conjunto de escritos, pelo seu grande valor para a procura do Cristo histórico, já inspiraram centenas de livros. Entretanto, apesar da importância, nenhum deles é capaz de resgatar as dúvidas existentes sobre a vida e os ensinamentos de Jesus de Nazaré.

As dificuldades na busca do Jesus histórico não impediram o encontrar da grande verdade. Hoje, início do século XXI, os historiadores e os cientistas foram vencidos, em suas dúvidas e negações, pelas luminosas evidências, que se acumulam.

Assim estamos seguros de que Jesus existiu, e os evangelhos, apesar das modificações e adulterações, mantiveram a essência e a poesia dos seus ensinamentos, e são instrumentos valiosos para o desvendar da figura de Jesus.

Não obstante a fé espírita, fé raciocinada, lógica e racional, dispensar minúcias da existência histórica de Jesus, acreditamos ser bastante útil tal conhecimento, para nos iluminar a fé e permitir que se conheça dados históricos, fora dos evangelhos, que nos asseguram a existência de Jesus galileu, o educador da humanidade.

A primeira referência de um historiador foi feita por volta do ano 90, por Flávio Josefo, em seu livro *Antiguidades judaicas*, ao narrar a morte de Tiago, escrevendo: " Tiago, o irmão de Jesus, aquele chamado Cristo".

Posteriormente, Flávio Josefo no *Testimonium Flavium*, em um texto que se acredita ter sido alterado por cristãos, diz o seguinte:

> Naquela época viveu Jesus, um homem sábio, se é que é possível chamá-lo homem, porque ele realizou muitas coisas surpreendentes. Ele era o mestre das pessoas que aceitavam alegremente a verdade. Conquistou muitos seguidores entre judeus e gregos. Foi condenado à cruz por Pilatos. Mas mesmo assim, os que lhe tinham dado afeição não deixaram de amá-lo; porque ele apareceu-lhes vivo ao terceiro dia, como os profetas haviam declarado.

Cientistas e historiadores coincidem no pensamento que, no trecho citado, a essência da escrita, ou seja, a referência histórica a Cristo é de Flávio Josefo, porém, a comparação do seu estilo discreto e comedido, características de seus textos, descarta ter ele feito tais referências a Jesus.

Outro historiador, agora romano, Públio Cornélio Tácito, ao descrever o incêndio de Roma, ocorrido no ano 64 d.C., escreveu: "Nero puniu os culpados, os cristãos, os seguidores do Cristo, fundador da seita, que foi supliciado por Pôncio Pilatos, governador da Judeia, durante o reinado de Tibério".

Mais outra referência histórica: Plínio, o moço, em uma carta ao imperador Trajano (53-117 a.C.) fez alguns relatos sobre os costumes cristãos: "Eles reúnem-se em uma data fixa, antes do nascer do sol e cantam hinos ao Cristo. Comprometem-se sob juramento a não cometer roubos, assaltos ou adultério, e a nunca abdicarem da fé".

Outra citação histórica nos traz o próprio Luiz Cláudio Costa ao referir-se a uma carta de um filósofo pagão, da Síria, Mara bar Serápion, enquanto preso em Roma, ao seu filho, referindo-se a Jesus: "Que proveito tiraram os judeus matando seu sábio rei, já que desde então, perderam seu reino?".

Como se conclui do que foi dito, são poucas as evidências históricas sobre o Cristo fora dos evangelhos. Entretanto, vale a pena conhecermos as extensas e sérias pesquisas realizadas no século XIX por Ernest Renan, pesquisador, historiador e membro da Academia Francesa de Letras, sobre Jesus.

Em resumo, disse que do ponto de vista histórico, quando se escrever sobre Jesus deve-se ater a algumas certezas. Em suas próprias palavras:

> Ele existiu, viveu em Nazaré, na Galileia, pregou de uma maneira encantadora e deixou na cabeça dos seus discípulos, ensinamentos que lhes ficaram gravados profundamente e que transformaram para sempre a humanidade.

Tal afirmação, tão singela e perfeita, como é comum aos sábios, é suficiente para que a humanidade busque entender e penetrar no jardim florido dos ensinamentos de Jesus de Nazaré, o educador.

Ele existiu, e o tempo que antes era contado a partir da fundação de Roma, passou a ser contado a partir do seu nascimento, ou conforme sugere Ernest Renan, Jesus foi tão grande que não coube na história, que passou a ser dividida em antes e depois dele.

É importante centrarmos o Cristo na história para que os seus ensinamentos façam sentido e possam ser seguidos. É importante o testemunho da história para que personagens como Herodes, Pilatos, Anás, Caifás, Tiago, Pedro, Maria Madalena e tantos outros dos evangelhos, possam ter vida e sentido em nós. É importante o Cristo histórico para que o Cristo sublime e os seus ensinamentos fiquem mais próximos de nós, caso contrário eles se tornam ensinamentos de um deus distante e inatingível.

Assim, o Jesus histórico é também importante para que o Jesus dos cristãos faça justiça ao Jesus de Nazaré, pois muitas vezes eles têm sido tão diferentes.

O Mahatma Gandhi, após ter lido os evangelhos, e ter declarado que o Evangelho de Mateus era o mais belo livro jamais escrito, observando as atrocidades que os cristãos cometiam com o seu povo, os indianos, disse: "Como uma árvore tão boa como esta pode dar os frutos que conhecemos?" e acrescentou: "A mim me basta o sermão do monte para entender a maravilhosa mensagem de amor do Cristo".

Giovanni Papini, escritor italiano da primeira metade do século passado, escreveu:

> Jesus não é um rei no sentido do mundo, Jesus não veio para destronar reis e lhes tomar os lugares. Jesus veio para abrir os olhos do cego, despertar o que dorme, restituir a força ao frágil. Ele veio trazer uma proposta de perfeita igualdade que só se dá pela autoeducação.

E o escritor da obra hoje condensada, Luiz Cláudio Costa, termina um de seus capítulos afirmando:

> A grande lição que tiramos da busca do Jesus histórico é que ele existiu e foi um homem tão sublime e singular que devemos entender aqueles que o chamam de Deus. Mas a tarefa maior é nos motivar a seguir os ensinamentos do homem e do educador em sua perfeição máxima, Jesus.

A pedagogia atual atingiu grande sofisticação. Equipamentos eficientes são, a cada dia, oferecidos aos educadores para as suas aulas e palestras, como os "datashows" e outros sofisticados projetores de textos, de imagens e de som.

Esse avanço nas técnicas educacionais está levando à formação de cientistas e de técnicos cada vez mais competentes, parecendo que o desenvolvimento do intelecto e o desenvolvimento das habilidades humanas não têm limites. Certamente esse progresso tem contribuído para o desenvolvimento da qualidade de vida em nossa Terra, em nosso planeta.

Lamentavelmente os técnicos e os cientistas formados pelo sistema educativo que prevalece nos tempos atuais confundem competência com competição. Somos inteligentes para competir, mas não somos sábios para cooperar. E é na competição sem limites que a sociedade deixa de ser humana, passando à selvagem. A competição sempre foi no passado como é atualmente antissocial, pois pressupõe a negação do outro e a recusa da cooperação e do bem-querer.

Sem dúvida a competição tem enriquecido muitos e formado enormes conglomerados econômicos, mas jamais contribuiu para a preservação da vida. A cooperação, ao contrário é o fenômeno que tem permitido, ao longo dos séculos, a preservação da vida nas suas diferentes formas.

Parece-nos que o sistema educacional em voga, apesar de todos os avanços e técnicas pedagógicas e científicas, ainda está na Idade da Pedra no que se refere à educação integral, aquela que é educação do ser e do saber, pois ainda todo o sistema se baseia nos conceitos mecanicistas de Descartes e de Newton e nos está conduzindo, ladeira abaixo, a uma humanidade doente e sofredora.

Poderíamos mencionar situações dramáticas, atuais e, provavelmente, a se agravarem em futuro próximo. Para ilustrar o atual estado patológico da humanidade, relacionaremos alguns dados estatísticos levantados por organismos, como a Unesco e a ONU e outras organizações, os quais bastarão para nos deixar chocados:

Em 2025 estima-se que cerca de 65% das pessoas não terão água para beber; cerca de 30% das pessoas atuais não possuem serviços de saneamento básico; em 1980 a taxa de suicídios era de 5,3/100 mil, elevando-se a 15,8 em 1992, ou seja, um aumento de 198% em 12 anos; as guerras do infeliz século XX ceifaram 200 milhões de vidas; no ano de 2002, 156 pessoas por dia foram assassinadas no Brasil; em 2004 estima-se que 300 mulheres são vendidas por dia para a indústria do sexo pago e que uma mulher sofre violência sexual a cada 18 minutos, havendo um estupro a cada 6 minutos; mais de 17% (cerca de 1 bilhão) dos habitantes do planeta vivem na pobreza absoluta.

Evidentemente que esses escandalosos números não são frutos da ação de toda a humanidade. Ao contrário, a maioria revolta-se e gostaria de fazer algo para modificar o flagelo moral em que vivemos. Não sabendo como, sentem-se impotentes e a esperança e a fé desaparecem. Opta-se pelo "salve-se quem puder".

O egoísmo e o individualismo começam a ser, antes que objetos de ataque, instrumentos de defesa. As consequências nefastas de nossas ações, filhas do orgulho e do egoísmo, parecem aprisionar e dominar a humanidade, conduzindo sua consciência psicológica ao medo e à desesperança. Nesse círculo vicioso, nos tornamos mais egoístas e agressivos para nos defender do egoísmo e da agressividade do outro.

Frequentemente a indignação se acentua e propõe remédios inadequados como a revolução armada, o terrorismo, a pena de talião rigorosa e outras soluções igualmente estúpidas, esquecendo-se que "fogo não se apaga com fogo" e nem com a gasolina dos coquetéis molotov.

Chega-se a acusar Deus de ter abandonado a humanidade, e os homens se afastam das religiões buscando a "religião" dos bens materiais. Mas será que o homem mais religioso seria suficiente para alterar o quadro da agonia moral do planeta? A história mostra que não. Parece faltar às religiões mais espiritualização. Parece que uma forma de transformar o deserto árido em que vivemos seria introduzir espiritualidade, acima da religião, na educação.

A proposta de Jesus, muito antes dos tempos atuais, trouxe à humanidade uma pedagogia do ser e do saber, uma pedagogia da espiritualidade acima de qualquer religião. Embora, vivendo Jesus numa época adversa de violência e de ignorância conseguiu ele ser o maior educador que a humanidade já conheceu.

Sem jamais utilizar "milagres" como base do seu processo educativo, nem repetir os métodos convencionais, o maior educador da humanidade não escolhe os melhores alunos, ao contrário, sempre quis ensinar às decaídas, aos cobradores de impostos, aos viciosos, às adúlteras e aos mais simples. Ou seja, muito antes da proposta dos educadores e dos sociólogos atuais, Jesus já propunha a inclusão dos alunos com necessidades especiais.

A educação convencional da época consistia na memorização e na repetição dos ensinamentos dos livros sagrados. Jesus jamais exigiu a repetição dos escritos, mas veio ensinar uma coisa totalmente nova, e que não se podia memorizar - como interpretar os mapas e os caminhos do coração. Com sua poesia de amor ele veio nos libertar da prisão do tempo e nos ensinar a transitar nas avenidas da eternidade. Jesus não veio nos ensinar regras, leis e sistemas de punição, mas simplesmente nos ensinar a amar. Conforme ensinado por ele o amor é a mais bela e, aparentemente, a mais ilógica lição já ensinada na Terra.

Conhecedor das técnicas de carpintaria jamais se preocupou em nos ensinar a construir móveis ou moradias materiais. Ensinou-nos as técnicas de reconstrução do nosso ser. Conhecedor da agricultura nunca se preocupou em ensinar épocas de plantio ou técnicas agrárias. Entretanto, ensinou-nos a preparar o solo do nosso coração para recebermos as sementes do amor.

Jesus veio nos ensinar, já naquela época, que o conhecimento técnico sem a transformação do ser pela incorporação de valores, jamais transformará a sociedade de forma efetiva. A verdadeira educação, segundo ele, é aquela que nos torna mais humanos, mais cooperativos, pois só assim os conhecimentos técnicos e científicos que adquirirmos irão de fato ser disponibilizados para a sociedade, não como um subproduto do nosso bem-estar, mas como uma prioridade de nossa atividade.

Jesus utilizava a cultura e os conhecimentos dos seus seguidores como material pedagógico de ensino. É por isso que falava das aves dos céus, dos lírios do campo, da semente de mostarda, entre outros exemplos. Mas, ao mesmo tempo, ele buscava elevar os seus seguidores para além da realidade do momento. Ensinava sobre o reino dos céus, sobre o perdão sem limites, sobre o nascer de novo, sobre as muitas moradas do Pai, entre muitos outros ensinos.

O Relatório sobre a Educação do século XXI, elaborado em 1996 pela Comissão "De Lors", a convite da UNESCO, sugere que a educação atual, apesar de estar recheada de conhecimentos técnicos e científicos, está carente de sabedoria. O relatório aponta para a necessidade de uma educação que desenvolva no estudante de todos os níveis, o amor, a solidariedade, a compaixão e a cooperação.

Esse relatório propõe quatro pilares nos quais a educação do século corrente deve basear-se. São eles:

1. Aprender a aprender,
2. Aprender a fazer,
3. Aprender a viver juntos e
4. Aprender a ser.

Aprender a aprender, isto é adquirir os mecanismos de compreensão pela combinação da aquisição de um amplo conhecimento geral com a oportunidade de conhecer em profundidade uma pequena quantidade de áreas.

Aprender a fazer, isto é, ser capaz não somente de adquirir o conhecimento técnico em uma área específica, mas de lidar com diferentes situações de maneira criativa e efetiva.

Aprender a viver juntos, pelo desenvolvimento da compreensão das diferenças e dos valores do outro, pela cooperação e pela busca da paz.

Aprender a ser, desenvolver na personalidade as potencialidades sem desconsiderar nenhum aspecto do ser: memória, razão, capacidade física, capacidade emocional e capacidade espiritual.

Segundo o relatório a educação atual concentra-se somente na aquisição de conhecimento em detrimento de outros tipos de aprendizado, mas é fundamental, agora, considerar a educação em seu sentido mais amplo.

Assim a educação no novo milênio deve ser modificada em ambos, forma e conteúdo, para ser uma educação não somente para ganhar a vida, mas ser uma educação da existência, uma educação do ser e do saber.

A educação do ser e do saber traz em si uma proposta diferenciada, pois que busca trazer à tona a nossa realidade essencial: somos seres espirituais em rápidas passagens materiais. Por isso a plenitude só pode ser alcançada através da educação da alma, de uma educação intelecto-moral que nos torna verdadeiros arautos da luz divina, comprometidos com a felicidade do próximo e com a preservação da natureza.

Perguntamos: Não foi exatamente esses pilares educativos que foram executados com maestria por Jesus, o educador? Observem e analisem as transformações de Pedro, de Maria Madalena, de Zaqueu, de Paulo e de tantos outros que conheceram o Mestre.

Jesus existiu e dividiu a história. Agora é preciso que, neste novo milênio, os conhecimentos façam sentido e passem a ser seguidos pela humanidade. Para tal é necessário que eles, os conhecimentos, deixem de ser interpretados como uma proposta religiosa e comecem a fazer parte do nosso dia a dia.

Enquanto o Cristo, entregue às religiões, muitas vezes se encontre perdido entre interpretações teológicas e abandonado, ou muitas vezes adorado em altares de pedra, o Cristo educador caminha conosco nas praias da existência convidando-nos à transformação através da sua proposta pedagógica.

Nos últimos anos percebe-se haver uma conscientização, uma sensibilização para a necessidade de mudança na nossa maneira de conviver com o outro e com a natureza. Também existe a forte crença de que a humanidade somente poderá ser modificada pela educação em novos moldes envolvendo todo o ser.

Não basta desejar um novo sistema educativo, é preciso trabalhar para a sua existência. A adaptação da proposta do Cristo à educação nos nossos tempos é um grande desafio pedagógico e, também, pode-se dizer desafio operacional.

Um primeiro aspecto que devemos buscar é o repensar dos valores que movem o mundo atual. Não adianta o avanço científico e tecnológico observado no mundo atual se não cessarem os desejos equivocados dos homens.

Jesus também usava essa pedagogia relembrando-nos sempre do caráter passageiro de todas as coisas materiais. Ele, o educador do ser e do saber, nos relembrava, a cada momento, do nosso caráter espiritual e dos verdadeiros valores que devem ser perseguidos em nossa jornada terrena.

Um outro passo importante para uma nova pedagogia do ser e do saber é a consciência de nossa existência eterna. A pedagogia para o terceiro milênio deve considerar as nossas dimensões espirituais, que nos levam a uma busca do sagrado e que exijam ainda a integração efetiva com a natureza e o planeta.

Não mais uma relação egoísta baseada na relação sujeito-objeto, mas sim no senso de pertencer. É também necessário descobrir a real importância de nossa existência, que conduz à elevação da autoestima sem vaidade.

A aplicação da pedagogia de Jesus não deve ser feita de uma forma religiosa, mas de forma sistematizada e organizada, por meio de uma espiritualização que transcenda as religiões.

Para isso é fundamental que, os professores, os pais, e os educadores de toda a ordem, abandonem a conceituação de serem os donos da verdade, de serem os especialistas em uma determinada disciplina e busquem ser, verdadeiramente, mestres.

E as principais características do verdadeiro mestre são a humildade, o desejo de aprender e a disposição para a autoeducação.

"Jesus lançou as sementes da palavra divina", disse Mateus (Mateus, XIII: 3-23), agora é preciso que nós sejamos capazes de semeá-las, com entusiasmo, disposição, desejo e ação, conforme nos lembra a seguinte singela história:

> **A loja de Deus**
> Certa feita, alguém que caminhava pela vida com os passos da desesperança entrou em uma loja sublimemente iluminada, quando deslumbrado, viu um anjo no balcão. Com alegria perguntou: "O que vendes aqui?" "Todos os dons de Deus", respondeu o anjo. "E são muito caros?", perguntou o andarilho. "Não, é tudo de graça", respondeu-lhe o balconista. Entusiasmado, o nosso personagem contemplou a loja e pôde ver pacotes de esperança, caixas de sabedoria, potes de fé, jarros de amor, de sabedoria, de compaixão, de misericórdia, entre outras maravilhas. Com redobrado entusiasmo pediu: "Por favor, quero muito amor, perdão, paz, fé, felicidade, não só para mim, como para toda a minha família, para meus amigos, meus colegas de trabalho, para a humanidade, enfim."

> Então o anjo, sorrindo, preparou um pequeno pacote que cabia na palma da mão do andarilho, que surpreso perguntou: "Está tudo aqui? Não é possível!" e o anjo serenamente respondeu: "Meu querido irmão, na loja de Deus não fornecemos os frutos, apenas as sementes".

Sejamos nós outros semeadores de uma nova era.

Após ter redigido este ensaio, voltando ao prefácio do livro, escrito pelo Luiz Cláudio Costa, encontrei uma nota sua, logo em seguida do prefácio, onde se lê:

> Este livro é fruto da contribuição de diversas almas luminares que passaram pelo nosso planeta ensinando-nos a mais sublime das ciências e a mais nobre educação: o amor. Se eu assumisse tais ideias como minhas estaria usurpando algo que não me pertence. No florescer deste livro eu fui e continuo sendo um mero instrumento e um humilde aprendiz. A essas almas nobres o meu eterno agradecimento pela oportunidade de desfrutar-lhes a presença.

Bibliografia

Costa, Luiz Cláudio. *Jesus, o educador*, Tribuna Editora, Viçosa-MG, 2004.

17

JESUS E O CRISTIANISMO

ADAPTAÇÃO BASEADA EM TRECHOS SELECIONADOS DA OBRA DE HERMÍNIO C. MIRANDA: *Cristianismo: a mensagem esquecida*

É ALENTADOR O fato de que prossegue, sem desfalecimentos, e em bom nível, o debate mundial em torno da figura ímpar de Jesus, que continua a merecer crescente atenção e interesse.

Não nos devemos perturbar pelo entrechoque de opiniões, conceitos, suposições, e inferências. Se Jesus nasceu em Belém ou Nazaré, se foi batizado ou não por João, se teve ou não irmãos de sangue, se era ou não descendente de Davi, nada disso importa se conseguirmos chegar ao cerne da sua mensagem, desvencilhando-a de todo o peso das falsas interpretações que se depositaram sobre ela no correr dos séculos. É que tais aspectos secundários são, subsidiariamente, esclarecedores e desejáveis, - mas não essenciais à inteligência da mensagem em si, embora possam ajudar-nos a definir melhor certas áreas obscuras nela contidas.

O fato de que o povo judeu não o aceitou como o prometido messias, por exemplo, em nada modifica o conteúdo universal da sua mensagem; pelo contrário, parece revigorá-la, ao transcender limitações de contexto étnico-religioso. Tendo sido Jesus o messias, do ponto de vista judaico, ou não, e por mais exíguos que sejam os textos sobreviventes acerca da sua vida e de seus ensinamentos, há nele, e no que ele disse e realizou, uma mensagem tão poderosa e carismática que mudou a face da Terra. Alguma coisa deve conter essa mensagem de eterno, de permanente, de construtivo.

O mistério e o segredo da filosofia de vida ensinada por Jesus estão na desconcertante simplicidade de seus ensinamentos. É preciso, contudo, não confundir as coisas e lembrar-se sempre de que ele foi simples, mas não ingênuo, um simplório como tantos gostam de fazer crer, encastelados no alto das suas torres de orgulho.

Para encerrar essa breve repassagem pelas torrenciais especulações acerca da historicidade de Jesus, uma observação parece pertinente: a discreta, quase omissa, atitude da Igreja Católica Romana, que tem procurado conservar-se à margem da campanha que, no século XIX empolgou tantos estudiosos de talento, teólogos ou céticos. Não resta dúvida que começa a soprar uma brisa mais rija sobre os estandartes do Vaticano a partir do 2º Concílio, mas a posição oficial continua sendo a do não envolvimento em temas controversos. Mais do que isso: de rejeição a qualquer atitude desinibida de reexame, de reinterpretação ou de reconstrução de alguns aspectos mais danificados da vetusta dogmática católica.

Uma pesquisa mais atenta e paciente revela que nem sempre a postura do historiógrafo especializado ou do teólogo é melhor, mais lúcida e mais aceitável do que a do historiador leigo, não compromissado com dogmas.

Will Durant, ao abordar o tema da historicidade de Jesus, considera da maior importância a moderna atitude crítica perante a Bíblia, questionando, de um lado, sua autenticidade e veracidade e, de outro, a tentativa de salvar "os alicerces da fé cristã". Acha mesmo que os resultados de tais estudos poderão revelar-se, com o tempo, mais revolucionários do que o próprio cristianismo. Sua conclusão, em sua própria e elegante linguagem é a seguinte: Que uns poucos homens simples pudessem ter inventado, numa só geração, uma personalidade tão vigorosa e atraente, uma ética tão elevada e uma visão tão inspiradora de fraternidade humana, seria milagre muito mais incrível do que qualquer outro constante dos evangelhos. Ao cabo de dois séculos de crítica, o perfil da vida, do caráter e dos ensinamentos de Jesus permaneceu razoavelmente claro e constitui a mais fascinante característica da história do homem ocidental.

Outro historiador leigo, H. G. Wells raciocina no âmbito de esquema semelhante e chega a idênticas conclusões. Considera Jesus como a "semente" e não o fundador do cristianismo. Expressa as dificuldades com as quais se defronta o historiador moderno perante a exiguidade das fontes de consultas. Segundo muitos, os três evangelhos sinóticos, resultariam de uma única fonte primitiva e o de João, distingue-se dos de Marcos, Mateus e Lucas, por ser fortemente colorido por teologia de caráter helenístico. Para ele, o de Marcos seria o relato mais confiável sobre a personalidade e os ditos de Jesus. Os quatro evangelhos, porém, produzem a mesma convicção de realidade também encontrável nas fontes primitivas sobre Buda. A despeito de incríveis e miraculosos aditamentos, somos obrigados a dizer: "Aí está o homem". Esta parte da história não poderia ter sido inventada.

H. C. Miranda resume e conclui:

> Não obstante o desastrado esforço mitificador que tentou aprisionar a personalidade histórica de Jesus numa rede de fantasias, os componentes básicos de sua imagem resistem e persistem, tornando-a suscetível de uma aceitável restauração, mesmo ante a exiguidade da evidência documental. Seria errôneo supor que estão para sempre fechadas todas as vias de acesso a uma completa reconstituição histórica, não apenas quanto a sua figura, mas também a seus ensinamentos, o ambiente em que viveu, as coisas que realmente fez, disse e ensinou. Isso porque os seres humanos que com ele conviveram são tão imortais quanto ele próprio e, portanto, continuam vivos, conscientes, dotados de inteligência, de experiência e memória. Um dia será possível obter deles um depoimento abrangente, confiável, honesto, genuíno, definitivo, semelhante ao que po-

> demos obter da memória de um computador à qual tenhamos confiado informes de vital importância aos seus programas de trabalho.

Em suma: Jesus existiu mesmo, é um ser historicamente identificável. Viveu, pregou e morreu na Palestina, tanto quanto continua a existir hoje. E continuará a existir, e nós com ele, pois somos todos, criaturas imortais, em diferentes estágios evolutivos. Durante algum tempo a historiografia duvidou ou negou a sua existência real na Terra. Por algum tempo ainda, muitos continuarão a negar a sua realidade. Não importa. Ele não depende de tais opiniões para ser o que é e quem é. Graças a Deus.

Bibliografia

DURANT, Will. *Caesar and Christ*. Ed. Simon & Schuster, New York, 1944

MIRANDA, Hermínio C. *Cristianismo: a mensagem esquecida*, Ed. Casa Editora O Clarim, Matão, SP, 1988

WELLS, H. G. *An outline of history*. Ed. Garden City, Garden City, NY, 1949

18

JESUS ENCARNADO

A CIÊNCIA NOS tem mostrado a imensidão do Universo, muito além de nossa compreensão, e confunde nossos clássicos conceitos de espaço e de tempo. Passado, presente e futuro fundem-se num eterno presente no Criador, unidos em seu inimaginável Ser. Mesmo assim nos é possível imaginar a criação de espíritos no passado remoto por analogia com a criação atual.

Assim, em dada época no passado infinito, e num determinado local, perdido na imensidão do Universo, uma individualidade espiritual foi criada "simples e ignorante", como todos nós, criados bem mais recentemente. Esse espírito evoluiu através de uma sucessão de reencarnações em mundos, que no início da escalada, talvez lembrem os nossos, prosseguindo, por outros cada vez mais evoluídos, em sua trajetória própria, até mundos celestes, na longa esteira da perfeição. Há cerca de quatro bilhões de anos, vamos encontrar esse espírito nas primeiras linhas dos colaboradores de Deus, de quem recebeu o plano da criação de um sistema de mundos, em torno de uma pequena estrela, entre centenas de milhões de companheiras numa determinada nebulosa, que há alguns milhares de anos passados denominamos Via Láctea.

Nosso fôlego não nos permite avançar mais, no assunto, sem risco de quedas. Com relutante humildade recorremos aos conhecimentos de um espírito superior, Emmanuel que, em sua obra *A caminho da luz*, para nos descrever os instantes iniciais de nosso querido planeta, a Terra.

Conta-nos Emmanuel, que a tradição do mundo espiritual registra a existência de uma comunidade de espíritos puros e eleitos pelo Senhor Supremo do Universo, em cujas mãos se conservam as rédeas diretoras da vida de todas as coletividades planetárias. Essa Comunidade de seres angélicos e perfeitos, da qual é Jesus um dos membros divinos, reuniu-se, uma primeira vez, nas proximidades da Terra, para decidir sobre a organização e a direção evolutiva de nosso planeta, ainda inexistente.

Esse extraordinário trabalho, ocorrido há aproximadamente 4,5 bilhões de anos, coube à direção misericordiosa do Cristo e de um verdadeiro exército de trabalhadores devotados sob seu comando. Matéria desprendida da estrela solar e matéria proveniente de outras dependências do cosmo foram reunidas numa esfera incandescente. Seu lento e programado resfriamento operou a escultura geológica do orbe terrestre e de seu satélite, para em harmonia, chegarem ao mundo no qual Jesus sediaria as ovelhas que nosso Pai lhe daria. Em passos de gigante condensamos etapas desde os instantes iniciais até o indispensável à existência dos futuros seres vivos.

Esse momento chegou quando serenados os elementos do mundo nascente, quando a luz do Sol beijava, em silêncio, a beleza melancólica dos continentes e dos mares primitivos, Jesus com seu pensamento criador, fez descer sobre a Terra, das amplidões dos espaços ilimitados, uma nuvem de forças cósmicas, que envolveu o imenso laboratório planetário. Daí, há algum tempo, cerca de 3,5 bilhões de anos, na crosta solidificada do planeta, como nos mares, podia-se observar a existência de um elemento viscoso, massa gelatinosa precursora do protoplasma vivo, germe dos seres vivos organizados e, naturalmente, dos primeiros homens.

Informa, também, Emmanuel que há cerca de dois mil anos, a mesma comunidade de espíritos puros, reuniu-se, pela segunda vez nas proximidades da Terra, para decidir sobre a vinda do Senhor trazendo à família humana a lição imortal do seu evangelho de amor e de redenção.

É nesse ponto que se inicia a história de Jesus encarnado. Para essa epopeia de luz, recorro a um espírito iluminado, contemporâneo nosso, Martins Peralva, tomando de sua obra, *Estudando o Evangelho*, pontos marcantes para prosseguir.

> Nasceu numa manjedoura. Não tinha onde descansar a cabeça. Morreu numa cruz, escarnecido e humilhado. Eis a história comovente e bela, sublime e incompreendida, do Cristo de Deus. Daquele que estava no mundo, o mundo foi feito por intermédio dele, mas o mundo não o conheceu.

Continua Peralva:

> A lição é, inegavelmente, profunda. Do estábulo ao calvário, sua vida foi um cântico de misericórdia e amor, simplicidade e compreensão, indulgência e grandeza. Na manjedoura - nasceu entre pacíficos animais e singelos pastores. No mundo - viveu no meio de mulheres, crianças e homens infelizes. Na cruz - morreu entre ladrões vulgares, escrevendo, contudo, no gólgota, a mais deslumbrante epopeia de luz que a Humanidade já presenciou.

Segue dizendo:

> Muitos homens nasceram em berços de ouro, mas encarnaram existências nulificadas. Passaram pelo mundo cercados de honrarias, ostentando títulos e galardões pomposos, disputando lauréis e considerações, mas tiveram seus nomes esquecidos tão logo desceram ao túmulo. Tiveram os seus corpos guardados em caixões riquíssimos. Mas, apesar das pompas funéreas, nada fizeram para que o mundo lhes perpetuasse o nome, a obra, a memória.
> O homem não vale pela casa, nem pelo berço onde nasceu. Não importam as considerações de que foi alvo, espontâneas ou provocadas. Não tem valor intrínseco a imponência do mausoléu que lhe acolhe os despojos carnais, no devido tempo.
> Não tiveram os pais de Jesus uma tradição de aristocracia genealógica que lhe facilitasse os passos na

> caminhada pelo mundo e lhe favorecesse o triunfo e a glória, o poder e o mando. Nada que o preservasse do acinte e da crueldade, do achincalhe e do opróbrio da populaça inconsciente, desvairada e perversa.
>
> José, seu pai, carpinteiro anônimo em Nazaré, não desfrutava do prestígio temporal. De manhã à noite, manejando a enxó e o formão, ganhava, com o suor do rosto, o alimento de cada dia. Não era de família nobre, segundo a conceituação humana; não conhecia as altas rodas do seu tempo, mas era rico de qualidades superiores e de bens espirituais. A sua vida e o seu programa eram simples: a sinagoga, a oficina, e o lar humilde, honrado.
>
> Maria, sua mãe, era mulher sem renome social, mas virtuosa e pura, imaculada e santa. Seu mundo era o lar. Sua felicidade, o esposo e o filho. Se o lar era-lhe um santuário, a sinagoga era-lhe um paraíso. No lar e na sinagoga conversava com Deus, diariamente, em silenciosa e divina comunhão.

Como se vê, não vale o homem pela riqueza do berço em que dormiu o primeiro sono; pela opulência em que viveu; nem pela suntuosidade com que o sepultaram. Vale o homem – e disso dá exemplo a vida do Senhor – pela valorização que procura ou sabe dar aos minutos, às horas, à existência, enfim.

O Mestre não tinha onde descansar a cabeça. "As feras – asseverava ele – têm os seus covis. As aves – continuava – têm os seus ninhos. Mas o Filho do Homem – concluía – não tem onde reclinar a cabeça".

O Cristo de Deus, o Salvador do mundo, não tinha onde repousar a augusta cabeça. O Redentor da Humanidade, a Luz de todos os séculos, não conhecia um mínimo de conforto.

Apesar disso, o farol que acendeu no topo do Calvário, quando parecia derrotado e vencido, continua iluminando os eternos caminhos da Humanidade planetária.

Os homens, todavia, ludibriados, buscam a fortuna e o poder, na doce ilusão de que o poder e a fortuna podem assegurar, na vida espiritual, a glória que se não extingue. Quem não busca, avidamente e a qualquer preço, inclusive da própria dignidade, a riqueza e a evidência, é categorizado, no mundo, à conta de insensato, sonhador, idealista. O mundo não compreende o homem que se limita a obter o indispensável ao seu e ao sustento dos que lhe constituem o instituto familiar.

Assim como ele veio "para o que era seu" e os seus "não o receberam", a mentalidade humana não pode entender aquele que não se obstina em acumular tesouros que a traça consome, o ladrão rouba e o tempo destrói. Admirável para o mundo é o homem que sabe amealhar fortuna, mesmo que a vida desse homem seja inócua, vazia, egoísta.

O Cristo evidentemente não foi um mendigo, mas também não foi rico em bens terrenos. Os tesouros de Deus estavam em seu coração. Tesouros que distribuía com abundância, fartamente, prodigamente, na consolação aos desalentados e no esclarecimento dos ignorantes.

O Cristo - "médium de Deus", segundo Kardec e Emmanuel - não tinha onde reclinar a cabeça. Aquela cabeça que supervisionara, dos celestiais páramos, a formação da Terra.

Utilizando singelas alpercatas, percorria, incansavelmente, as estradas da Palestina, as praias do Tiberíades. Trajando simplesmente uma túnica desprovida de quaisquer ornamentos que revelassem superfluidade, podia, no entanto, oferecer a homens e mulheres, anciãos e jovens, as moedas da fé e da esperança, na vida imperecível.

Assinalava o valor dos patrimônios espirituais, repetindo, inúmeras vezes, : "A tua fé te salvou".

Lembrava o perigo dos bens perecíveis, advertindo: "Não vos afadigueis por possuir ouro, ou prata, ou qualquer outra moeda em vossos bolsos".

A Judas, o discípulo afanoso, recomendava: "... a bolsa é pequenina, contudo, permita Deus nunca sucumbas ao seu peso".

Concluímos: Pelo que nos mostraram Emmanuel e Martins Peralva, Jesus Cristo encarnou entre nós para nos salvar da ignorância, trazendo-nos a verdade que salva, a vida imortal que nos garante o futuro evolutivo e o caminho da perfeição, seguindo-lhe a vida e os passos de encarnado, como modelo e exemplo.

Uma vez mais vamos "meter nossa colher torta" no assunto, procurando entender a escolha da época e a escolha do povo no qual deveria Jesus encarnar, escolha feita pela Comunidade de espíritos puros e eleitos, em sua segunda reunião nas vizinhanças do nosso planeta.

Sobre a escolha da época, a nossa humilde posição de principiantes na evolução espiritual nos leva a calar os pensamentos na certeza de que essa escolha foi a melhor possível e, está dentro da sabedoria de Deus, que nunca pode se enganar com coisa nenhuma.

Sobre a segunda podemos imaginar algumas possibilidades de escolha da nação para a encarnação de Jesus, ocorrida há cerca de dois mil anos. Certamente não poderia ser Roma, pelo orgulhoso adorar da força e pelo politeísmo. Também não poderia ser Atenas, pela vaidosa adoração da razão humana como poderosa deusa, acima dos inúmeros habitantes do Olimpo. Igualmente não poderia ser em povos orientais, especialmente pelo politeísmo místico deles.

Continuando esse raciocinar lógico chega-se fatalmente ao povo hebreu, na época, devido à crença no Deus único e pelo extenso preparo prévio, através dos inúmeros profetas que precederam a vinda de Jesus.

19

JUSTIÇA DIVINA

NA ORDEM DE publicação *O Céu e o Inferno* é o quarto livro da codificação, publicado em Paris em 01/08/1865, (8 anos após o L.E.) permanecendo em sua primeira edição até nossos dias.

Seu subtítulo nos dá ideia mais precisa de seu conteúdo doutrinário: *A justiça divina segundo o espiritismo.* Tal como as suas companheiras essa obra decorreu da expansão de O *Livro dos Espíritos*, a obra fundamental da doutrina espírita em sua quarta parte, na qual são estudadas e relatadas por Allan Kardec as expiações do mal e as recompensas do bem praticados e suas consequências após a desencarnação.

Nessa obra Kardec analisa alguns dogmas das religiões cristãs tradicionais (assunto que deixaremos de lado, nessa ocasião), como apresenta exemplos reais das mais diversas situações de espíritos desencarnados, vivendo no Mundo Espiritual. São apresentadas sessenta e seis (66) comunicações mediúnicas nas quais os espíritos comunicantes relatam a própria desencarnação, como também sua situação na espiritualidade. São como verdadeiras entrevistas com habitantes do "outro mundo", habilmente organizadas pelo codificador.

Lembramos aos presentes que a doutrina espírita, no que respeita aos seus ensinos e à vida após a morte, não se baseia em teorias ou ideias preconcebidas ou imaginárias, mas em fatos reais revelados pelos "espíritos do Senhor", como dizia João Evangelista, sob o comando do Espírito da Verdade, preposto maior de Jesus no extenso trabalho da codificação do espiritismo na sua fase inicial (1857 a 1868) (17a).

Falamos em fase inicial, pois a doutrina não é um sistema engessado, mas não para de se expandir, sem em nada alterar seus fundamentos trazidos na primeira fase. Basta que lembremos em nossos tempos, dos ensinos de André Luiz e de Emmanuel, trazidos pela prodigiosa mediunidade de Francisco Cândido Xavier e de Joanna de Ângelis e Philomeno de Miranda, pela iluminada mediunidade de Divaldo Pereira Franco, bem como por muitos outros espíritos superiores comunicando-se através de qualificados médiuns.

Os exemplos reais, selecionados por Kardec, encontram-se na segunda parte do livro na qual, de início, o codificador faz um resumo doutrinário sobre a transição (desencarnação) seguido das comunicações pessoais dos sessenta e seis (66) depoentes selecionados. Didata que é, Kardec inicia essa parte com relatos de espíritos felizes, seguidos pelos relatos de espíritos medianos, de espíritos sofredores e de várias classes de espíritos ainda inferiores, naquela época.

Dos felizes escolhi o depoimento do Sr. Samuel Philippe de quem Kardec informou ter sido, em vida, um homem de bem em toda a acepção do termo. Nunca foi visto cometer uma ação má nem de ter feito voluntariamente qualquer coisa errada. Era de um devotamento sem limites para com os seus amigos, que sempre estavam certos de nele encontrar alguém pronto a ajudar e a atendê-los, mesmo em prejuízo dos seus interesses pessoais. Trabalhos, fadigas, sacrifícios, nada lhe custavam para ser útil e ele tudo isso fazia naturalmente, sem ostentação, admirando-se de lhe atribuírem algum mérito por isso.

Jamais quis mal aos que o houvessem prejudicado, procurando ajudá-los como se lhe houvessem feito o bem. Quando sofria com a ingratidão costumava dizer que era aos ingratos que se devia lamentar e não a ele.

Embora bastante inteligente e espontaneamente dotado de muito espírito, sua vida muito laboriosa foi obscura e cheia de provas rudes. Era uma dessas naturezas de elite que florescem na sombra, que o mundo não conhece e cuja luz não resplandece sobre a Terra.

Conhecendo o espiritismo adquiriu fé ardente na vida futura e bastante resignação perante as dores e os males da vida terrena. Desencarnou em dezembro de 1862, com a idade de cinquenta (50) anos, após dolorosa doença.

Sua comunicação foi dada muitos meses após a morte (morte dez 1862, C&I publ. Ago 1865 = 32 meses no máximo) em grupo mediúnico dirigido pelo próprio Allan Kardec, na Sociedade Espírita de Paris.

Como era costume nessas primeiras sessões espíritas, os desencarnados eram evocados pelo nome que possuíram em vida e, a mensagem mediúnica vinha por meio da escrita mecânica, através de médiuns inconscientes. Portanto, a comunicação realizava-se por um diálogo incomum, no qual o dirigente (Kardec) falava e o espírito evocado respondia, escrevendo pela mão do médium e se identificava pela sua assinatura.

Para simples esclarecimento informamos que, em nossos dias, as comunicações são diálogos comuns, nos quais um doutrinador (esclarecedor) conversa com um espírito falando a um médium psicofônico, através do qual o comunicante responde e assim o diálogo prossegue até o fim desejado. Como se pode observar, esse processo é muito mais rápido e eficiente, sendo uma evolução natural das primeiras comunicações, evolução paralela à evolução da própria doutrina.

Voltemos à comunicação do senhor Philippe, agora transformada, por nós, num diálogo, por mera questão didática, com alguns esclarecimentos, quando necessário, devido ao sistema mais lento e laborioso da comunicação original.

Após a evocação, Kardec perguntou ao espírito se ele se lembrava, com clareza, dos seus últimos instantes na Terra. Respondeu o comunicante que sim, embora essa lembrança tenha vindo-lhe pouco a pouco e suas primeiras ideias ainda estavam confusas. Esclarecemos que a confusão durante a morte e logo após é devida ao fenômeno da "perturbação pós-morte", bem conhecida na doutrina e, que no caso de Samuel Philippe foi bastante curta, característica da morte de espíritos mais elevados.

A seguir, Kardec desejando conhecer mais um caso de desencarnação após uma vida exemplar, pede a Samuel que descreva sua passagem da vida corpórea à espiritual, bem como descrever sua situação pessoal no mundo dos espíritos. A que, de boa vontade ele responde, dizendo de início que seu relato era útil a ele mesmo e que poderia ter alguma utilidade ao grupo estudioso de Kardec, ali reunido, afirmando ainda que a volta de seus pensamentos para a Terra, comparativamente ao que vivia na Espiritualidade, permitia-lhe apreciar ainda mais a bondade do Criador.

Prosseguiu lembrando-os das inúmeras atribulações de sua vida, nas quais, graças a Deus, nunca lhe faltou coragem nas adversidades, e que, agora, se sentia feliz por isso e que muito teria perdido se fraquejasse. Nesse caso os sofrimentos teriam sido inúteis e tudo deveria ser recomeçado. Amigos, compenetrai-vos dessas verdades, pois elas interessam à vossa felicidade futura. Certamente alguns anos de sofrimento não são muito a pagar por essa felicidade, pois uma vida na Terra não é nada frente à eternidade!

Continuou:

> Se minha última existência teve qualquer mérito aos vossos olhos, o mesmo não poderia ser dito das vidas que a precederam. Custou-me muito esforço e domínio sobre mim mesmo para chegar no que estou agora. Os sofrimentos vividos eram neces-

> sários como provas, voluntariamente aceitas, para fazer desaparecerem os últimos traços das faltas anteriores. Da firmeza de minhas decisões é que tirei as forças para suportá-las sem lamentar. Por isso, hoje, bendigo essas provações que fizeram com que esse triste passado se tornasse simples lembrança. Contemplo com legítima satisfação o caminho percorrido.

Dirigindo-se àqueles que o fizeram sofrer na Terra, com dureza e maldade, humilhando-o e cobrindo-o de amarguras e cuja má-fé levou-o, com frequência, às mais ásperas privações disse:

> Eu não somente vos perdoo, mas vos agradeço! Querendo fazer-me o mal, não suspeitáveis que na verdade me fazíeis o bem. A felicidade de hoje, em boa parte, a vós devo, pois me proporcionastes a ocasião de perdoar, retribuindo o mal com o bem. Acredito que Deus vos pôs no meu caminho para provar a minha paciência e me exercitar na prática da difícil caridade, que é amar aos nossos inimigos.

Voltando aos componentes da mesa mediúnica continuou:

> Não vos impacienteis com essa minha digressão, chego agora ao que me pedistes sobre a minha transição (morte ou, mais corretamente a desencarnação, que é a separação do perispírito do corpo físico).

Embora tivesse sofrido cruelmente com a minha doença final, não passei pela agonia. A morte foi para mim como um sono, um sono tranquilo, pois, sem preocupações com o futuro, não me apeguei à vida, não tendo assim que me debater nos instantes finais. A separação se operou sem esforços, sem dor e sem que eu houvesse sequer me apercebido.

Não sei quanto durou esse último sono, mas foi breve. O despertar foi bastante calmo e eu não sentia mais dores e me regozijava com isso. Desejava levantar-me da cama onde estava e andar, mas uma espécie de suave e agradável entorpecimento me retinha e eu me entreguei a um certo deleite sem ter consciência plena da minha situação e sem duvidar de que já havia deixado a Terra, pois, como num sonho, via minha esposa e amigos chorando junto a meu corpo, na casa terrena. A certeza da morte veio ao ver-me cercado de muitas criaturas amadas que haviam morrido há muito tempo, sem reconhecê-las de pronto e que me pareciam velar por mim, esperando meu despertar.

Esse estado era entretecido de instantes de lucidez e de sonolência, durante os quais eu perdia e recobrava minha consciência alternadamente. Aos poucos minhas ideias foram adquirindo mais clareza. A luz, de início percebida como em um nevoeiro, se fez mais brilhante. Reconheci o meu estado e compreendi que já não mais pertencia ao mundo terreno. Acredito que se eu não tivesse conhecido o espiritismo, essa ilusão teria se prolongado por muito mais tempo.

Meus despojos mortais não haviam sido ainda enterrados, mas eu os considerava com piedade e, entretanto, me sentia feliz de haver me desembaraçado deles. Estava muito feliz de estar livre, respirava com a facilidade de quem sai de uma atmosfera asfixiante. A presença das criaturas amadas me enchia de alegria e não estava surpreso por vê-las, mas me davam a impressão de vê-las após uma longa viagem.

Com relação a reencontrar amigos e entes queridos, uma coisa me surpreendeu a princípio. Nossos pensamentos se transmitiam pelo simples olhar e, como por uma espécie de penetração fluídica (como na telepatia).

Entretanto eu ainda não estava completamente desligado das ideias terrenas e a lembrança do que havia sofrido me voltava, de quando em quando, à memória fazendo-me lembrar de que sofrera não só fisicamente, mas, sobretudo, moralmente. Havia sido alvo de malevolência, suportando essas mil perplexidades, talvez mais penosas do que as desgraças positivas, porque nos mantêm numa constante ansiedade. Parecia-me ainda ouvir vozes desagradáveis, mas quando tive certeza de que tudo isso havia acabado, senti-me aliviado de um peso enorme. Se os homens compreendessem a vida futura, quão fortes e corajosos não seriam nas adversidades e o que não fariam na Terra para garantir a felicidade que Deus reserva aos filhos que são dóceis às suas leis! Veriam, então, quanto são insigni-

> ficantes os prazeres que invejam nessa vida, em face daqueles que desprezam!

Seguiu a última pergunta de Kardec ao senhor Samuel Philippe:

> Esse mundo tão novo a você e perante o qual o nosso nada vale, e os numerosos amigos encontrados não lhe fizeram esquecer a família e os amigos deixados na Terra?
> Se eu os houvesse esquecido não seria digno da felicidade que desfruto, pois Deus não recompensa o egoísmo, mas o condena. O mundo em que me encontro pode me levar a desdenhar a Terra, mas não os espíritos que nela vivem encarnados. Somente entre os humanos encarnados é que vemos a prosperidade levar ao esquecimento dos companheiros de infortúnio. Quero sempre rever os meus e sinto-me feliz com a saudade que eles sentem de mim e seus pensamentos me atraem. Quando possível assisto às suas conversas e gozo com as suas alegrias, suas preocupações me entristecem, mas não dessa tristeza cheia de ansiedade que sofremos na vida humana, porque compreendo que as suas dificuldades são passageiras e têm por fim levá-los ao bem.
> Sinto-me feliz de pensar que um dia eles também virão para este plano feliz em que a dor é desconhecida (para espíritos felizes). Empenho-me em ajudá-los a se tornarem dignos disso. Esforço-me para sugerir-lhes bons pensamentos e, sobretudo

> a resignação que eu mesmo tive perante a vontade de Deus. Minha maior tristeza é vê-los retardar esse momento por sua falta de coragem, por suas lamentações, suas dúvidas sobre o futuro, ou por qualquer ação repreensível.
> Trato então de os afastar do mau caminho. Se o conseguir, isso é para mim uma grande felicidade e todos nós aqui nos regozijamos. Se eu fracasso, digo a mim mesmo com tristeza que uma vez mais retardaram o seu momento feliz, mas me consolo pensando que nem tudo está perdido de maneira irremediável.

Vamos agora, conhecer o depoimento de um espírito dito "de condições medianas" por Allan Kardec: o do marquês de Saint Paul, falecido em 1860 e comunicando-se na Sociedade Espírita de Paris, em 16/05/1861, a pedido de sua irmã, confreira dessa Sociedade.

Logo após a evocação foi-lhe explicado que sua irmã, presente na sessão, embora médium, não estava suficientemente desenvolvida para evocá-lo. Por intermédio do dirigente (Kardec?) ela gostaria de saber se o senhor é feliz.

Respondeu estar na erraticidade (período entre duas encarnações sucessivas), que é um estágio transitório, que para ele, não proporciona nem a felicidade e nem sofrimentos pesados.

A pergunta seguinte era para conhecer quanto tempo o marquês havia permanecido inconsciente de seu novo estado. Respondeu dizendo ter permanecido muito tempo perturbado e que somente voltou a si após orações feitas para ele, piedade que ele muito agradecia. Também disse não poder precisar quanto durou sua perturbação.

Perguntado quais os parentes que ele havia reconhecido primeiro, informou serem sua mãe e seu pai, que o receberam ao despertar.

Na resposta seguinte confirmou ter sido, na Terra, um vidente cujos olhos só se turvaram no momento da separação do corpo.

Explicando porque tinha de preferência recordações de sua infância disse que os moribundos veem seus primeiros anos de encarnados como miragem consoladora da pureza infantil, ligando assim o final da vida ao seu início e deixando o meio da vida em segundo plano. Talvez essa ligação também explique o comportamento quase infantil dos idosos, na senilidade avançada.

Kardec mencionou uma particularidade singular na morte desse senhor que nos seus últimos momentos dizia: ele tem sede, é preciso dar-lhe de beber; tem frio, é preciso aquecê-lo; sente dor aqui ou ali. Quando lhe perguntavam se não era ele quem tinha frio, sede ou dor, respondia: "Não, é ele". Kardec explica que o caso ressalta a concomitância de duas existências: a do eu pensante, o espírito e a do corpo que sente. Naqueles instantes, o espírito parcialmente desprendido considerava o corpo outra individualidade que necessitava de água e não ele.

Perguntado porque se referia ao próprio corpo físico como uma segunda pessoa disse: "Eu sentia claramente as diferenças entre o físico e o moral, que se tornam distintíssimas aos olhos dos moribundos clarividentes."

Na última questão proposta, Kardec desejava saber se no plano onde ele se encontrava existiam espíritos felizes e espíritos infelizes, ao que ele respondeu, falando de si:

> Estou num estado transitório; aqui as virtudes humanas passam a ter o seu justo valor. Certamente que esse estado é mil vezes preferível ao da minha encarnação terrestre; mas porque alimentei sempre aspirações ao verdadeiro bem e ao belo, minha alma não ficará satisfeita senão quando se colocar aos pés do Criador.

Vamos mostrar a seguir o depoimento de um espírito classificado como "sofredor", que "assinou" simplesmente Lisbeth em sua comunicação dada em Bordéus em 13/02/1862.

Ao lhe perguntarem sobre a sua posição e sobre a causa de seus sofrimentos preferiu discorrer sobre como evitá-los:

> Sejam humildes de coração, submissos à vontade de Deus, pacientes na provação, caridosos para com os pobres, consoladores dos fracos, sensíveis a todos os sofrimentos e, assim não sofrerão as torturas porque passo.

Assumindo que o comportamento desse espírito tenha sido o oposto das virtudes descritas por ela, perguntaram-lhe se o arrependimento poderia dar-lhe alívio. Sua resposta foi surpreendente ao afirmar que o arrependimento é inútil quando apenas produzido pelo sofrimento. Disse, em seguida:

> O arrependimento profícuo tem por base a mágoa de haver desobedecido a Deus e importa no desejo ardente de uma reparação. Infelizmente inda não posso tanto e por isso recomendo-me às preces de quantos se interessam pelos sofrimentos alheios, porque delas tenho necessidade.

O dirigente daquele grupo mediúnico prometeu atendê-la nas preces e seguiu perguntando sobre pormenores de sua existência corporal anterior. A comunicante titubeou um pouco, mas esclareceu:

> Tive um nascimento de elevada condição. Possuía tudo o que os homens julgam a fonte da felicidade. Rica, tornei-me egoísta; bela, fui vaidosa, insensível e hipócrita; nobre era ambiciosa. Calquei ao meu poderio aqueles que não se me arrojavam aos pés e oprimia ainda mais os que sob eles se colocavam, esquecida de que também a justiça do Senhor (cólera disse ela) esmaga, cedo ou tarde, as mais altivas frontes.

Perguntada sobre a época dessa encarnação informou ter vivido na Prússia há cento e cinquenta anos.

Sobre eventuais progressos nesse intervalo confessou não ter feito progresso, pois a matéria revoltava-a sempre, exercendo ainda forte influência nela, a despeito da separação do corpo.

> O orgulho agrilhoava-me em brônzeas cadeias, cujos anéis mais e mais comprimiam meu coração. O orgulho - essa hidra de cem cabeças que se renovam incessantemente, modulando silvos empeçonhados que chegam a parecer celeste harmonia! O orgulho - esse demônio multiforme que se amolda a todas as aberrações do espírito, que se oculta em todos os refolhos do coração; que penetra as veias; que absorve e arrasta às trevas da eterna geena! ... Oh! sim ... eterna!

Observem que o que ela escreveu, palavras escritas através de um médium de psicografia mecânica, demonstra sua cultura que, no início de 1700 não era usual entre mulheres (Hidra de Lerna, trabalho de Hércules).

Neste ponto, em nota colocada, em seu livro, Kardec explica que esse espírito diz não ter feito progresso algum porque sua situação havia sido sempre penosa. Continuou:

> A maneira pela qual ela descreve o orgulho e lhe deplora as consequências é, incontestavelmente, um progresso; decerto que quando encarnada e mesmo logo após sua morte não poderia raciocinar assim; agora compreende o mal, o que já é alguma coisa, e a coragem e o propósito de o evitar lhe advirão mais tarde.

A seguir, perguntada se confiava na misericórdia de Deus, que não condena nenhum de seus filhos a penas eternas, respondeu: "Dizem que isso (a dor e o sofrimento) pode ter um termo, mas onde e quando? Há muito que o procuro e só vejo sofrimento, sempre, sempre!"

Ao lhe perguntarem sobre como ela veio àquele centro, ela disse que foi conduzida por um espírito que a acompanha muitas vezes. Desejando o doutrinador saber há quanto tempo Lisbeth via aquele espírito, respondeu que não há muito tempo. O dirigente continua arguindo: "Seria desde quando teve a senhora consciência das faltas cometidas?" Após longa reflexão disse que "sim, o senhor tem razão, foi daí para cá que principiei a vê-lo." Continuou o dirigente: "Compreendeis agora a relação existente entre o arrependimento e o auxílio prestado por vosso protetor? Tomai por origem (causa) desse apoio o amor de Deus, cujo desejo é o seu perdão e misericórdia, infinitos". Ela escreve: "Oh!, como desejaria que assim fosse. Creio poder prometer no nome, aliás sacrotíssimo d'Aquele que jamais foi surdo à voz dos filhos aflitos."

Aproximando-se do final da doutrinação o dirigente diz-lhe para assim pedir, de coração, que ela seria ouvida. Ainda insegura ela diz não poder, ter medo. Diz-lhe então: "Oremos juntos, Ele nos atenderá." Depois da prece foi-lhe perguntado se ela ainda estava entre eles. Ela respondeu que sim, agradecendo e pedindo para que os presentes não se esquecessem dela.

No final diz-lhe o dirigente: "Volte sempre, todos os dias se puder;" e ela diz: "sim, sim virei sempre."

Deixamos para o final da exposição uma das piores

causas de sofrimentos após a morte, verdadeiro flagelo da juventude, atualmente - o suicídio!

Em janeiro de 2002 a Organização Mundial de Saúde (OMS) publicou, em Bruxelas, dados estatísticos verdadeiramente preocupantes: No ano de 2000, em todo o mundo, cerca de 815.000 seres humanos saíram desta vida pelo suicídio - uma morte a cada 40 segundos! - ceifando 13,5% da população mundial por ano!

Os dados também mostraram um aumento estrondoso dos índices na faixa etária de 15 a 34 anos, na qual o suicídio mostrou-se como a terceira causa de mortalidade. A situação se mostra alarmante se considerarmos que somente uma pessoa logra êxito no suicídio entre 10 tentativas de autodestruição.

São considerados fatores desencadeantes do suicídio as provas e expiações não aceitas, como: desemprego, fracassos profissionais, dificuldades financeiras, desilusões amorosas, perda de entes queridos, mutilações, doenças orgânicas, depressão pós-parto, depressões psicogênicas causadas pelo álcool e por drogas e doenças mentais. Sobre essa última causa faz-se a ressalva de que somente de 10 a 20% dos suicidas apresentavam patologias mentais.

Vamos relatar uma comunicação dada na Sociedade Espírita de Paris em 17/04/1865 por um suicida que havia se matado no Canadá em 28 de fevereiro daquele ano.

O senhor Anthony Bell era o caixa de uma casa bancária canadense, conforme informação de um médico e farmacêutico local, correspondente de Allan Kardec, dada a este. O amigo médico informou conhecer o senhor Bell há cerca de 20 anos, como um homem pacato e chefe de numerosa família. Desde algum tempo ele imaginou ter adquirido um tóxico na farmácia do médico e do qual dizia ter-se servido para matar alguém. Muitas vezes passou pela farmácia suplicando que lhe informasse a época da compra, tomado então de alucinações dolorosas. Perdia o sono, lamentava-se e batia no peito. Sua família vivia em constante ansiedade durante seu expediente na casa bancária na qual trabalhava corretamente sem ter cometido um só erro. Dizia, com frequência, haver dentro de si um ente que o fazia desempenhar com acerto e ordem a sua contabilidade. Quando informado da extravagância de sua imaginação sobre o envenenamento reagia exclamando: "Não, não - quereis iludir-me ... lembro-me ... é verdade."

Em Paris, logo após a evocação o comunicante falou: "Que vocês pretendem - submeter-me a um interrogatório? Eu confessarei tudo".

Kardec procura acalmá-lo dizendo que as pessoas ali reunidas não desejavam afligi-lo com perguntas indiscretas, mas que apenas desejavam conhecer sua posição nesse novo mundo e ajudá-lo. "Ah! se isso for possível serei extremamente grato. Tenho horror ao meu crime e sou muito infeliz!" - disse ele.

Prosseguiu Kardec dizendo que as preces que o grupo iria proferir "atenuariam suas penas, porque Deus, infinitamente misericordioso, sempre tem piedade do devedor arrependido. Além disso, vos achais em boas condições, visto que o arrependimento já vos assedia o coração, sinal do início de reabilitação."

O grupo proferiu a prece pelos suicidas, como ela se encontra em *O Evangelho segundo o Espiritismo*, tendo Kardec perguntado de quais crimes o depoente se acusava, dizendo ainda que uma confissão com humildade lhe seria útil.

Agradecendo bastante a esperança dada a ele, assim falou o Sr. Bell:

> Há bastante tempo vivi em uma cidade banhada pelo Mediterrâneo. Amava uma bela moça que me correspondia; mas pelo fato de ser pobre, fui repelido pela família. A minha amada informou-me que lhe fora determinado o casamento com o filho de um negociante cujas transações se estendiam para além de dois mares e, assim eu fui preterido. Louco de dor resolvi acabar com a vida, não sem deixar de assassinar o detestado rival, saciando o meu desejo de vingança. Na véspera do casamento morria o meu rival envenenado por mim. Eis como se explicam as reminiscências do passado ... Sim, eu já reencarnei, e preciso é que reencarne ainda. Oh! meu Deus, tende piedade das minhas lágrimas e da minha fraqueza!

Perguntado se naquela encarnação do envenenamento havia executado seu projeto de suicídio, respondeu negativamente, dizendo, com vergonha, que a esperança de ter, de volta, a sua amada, retornou-lhe com o desejo de se aproveitar do crime cometido. No entanto, os remorsos conduziram-no ao suicídio pela forca, para aliviar o suplício desses remorsos.

Ao lhe perguntarem se na reencarnação seguinte tinha consciência do mal praticado na anterior, explicou: "Somente nos últimos anos quando a visão perseverante da vítima me acompanhava como um remorso vivo. Depois de muitos anos, pelo arrependimento e pelas preces cheguei à morte natural."

Disse mais, na última reencarnação (a do Canadá): "Atravessei cerca de 20 anos somente com a vaga intuição da minha inata fraqueza, bem como da culpa anterior, cuja lembrança, em estado latente conservara, levando-me, nos últimos tempos às alucinações que me levaram ao triste fim."

20

LITERATURA ESPÍRITA

QUE SE ENTENDE por literatura espírita?

A rigor é tudo o que se publicou ou se publica sobre fenômenos espíritas, sobre doutrina espírita e sobre fatos espíritas, reais, imaginários ou romanceados. É, então, um vastíssimo acervo de livros, revistas e artigos sobre o amplo campo do espiritismo.

Da mesma forma que em qualquer outra literatura, para ser estudada deve ser limitada por critérios. O elevado número de publicações obriga os estudiosos ao joeiramento das mesmas pela qualidade, isto é, a crivá-las pelo seu valor, que basicamente é estabelecido pela duração das obras no tempo e pela apreciação, com boa aceitação, de elevado número de leitores. Assim, por exemplo, a obra de Machado de Assis, de Olavo Bilac, de Euclides da Cunha, entre muitas outras são bons exemplos de obras de qualidade na literatura brasileira.

Entretanto, bastaria o item qualidade para que se pudesse classificar uma obra espírita para incluí-la na literatura espírita? Sem dúvida que qualidade é fundamental, mas não é o item mais importante no caso. O critério básico e fundamental é estar a obra dentro dos postulados da doutrina espírita, tal como esta foi estabelecida e definida pelas obras básicas de Allan Kardec.

Se a obra, recebida de espírito desencarnado, por via mediúnica ou escrita por encarnado, não se conformar com os princípios doutrinários em sua totalidade, não deve ser considerada como literatura espírita de qualidade, senso estrito, não sendo, por isso, adequada ou recomendada à leitura dos espíritas. Entretanto, como no espiritismo não há proibições e nada nos é vedado dogmaticamente, resta-nos seguir o excelente conselho do apóstolo Paulo: "Nada nos é proibido, mas nem tudo nos convém". No caso de coisas escritas sua recomendação ou conselho é: "examinai tudo e retende o melhor."

Um roteiro analítico seguro para a escolha de uma obra espírita, para leitura ou estudo, é examinar, criteriosamente, se a mesma possui as características que identificam a própria doutrina, ou seja:

1. Universalidade

Allan Kardec buscou não somente a verdade como a universalidade dos ensinos recebidos dos espíritos superiores da codificação através da análise lógica rigorosa e da racionalidade dos relatos dos espíritos e de suas conclusões e abstrações, formando um corpo de doutrina universal e geral. Deduz-se, por consequência, que uma obra doutrinária não deve ser aquela em que há pontos de vista parciais ou particularizações, pois das particularizações não se atinge o todo sem riscos de erros. Dessa orientação universal que examina todos os aspectos de uma questão, podemos deduzir casos particulares, sem distorções.

2. Ética ou moral cristã

Assim como o caráter essencial da doutrina espírita é a moral cristã vista no nível da razão, também toda obra espírita necessita apoiar-se, explícita ou implicitamente sobre a moral ou ética de Jesus, cujos pilares fundamentais são o amor e a fraternidade, ou a caridade e o bem-querer.

3. Simplicidade e clareza

A doutrina espírita é clara, objetiva, lógica e simples e, assim, devem ser as obras que compõem sua literatura. Estas devem seguir os mesmos parâmetros, pelo menos sobre os aspectos fundamentais da vida do ser imortal, especialmente no que diz respeito ao comportamento que conduz à plenitude espiritual e ao equilíbrio do ser.

Há obras de cunho científico aprofundado acerca de questões espirituais, ainda não perfeitamente conhecidas, que, nem por isso, devem se distanciar dos aspectos doutrinários e evangélicos bem estabelecidos. Por exemplo as obras mediúnicas dos espíritos André Luiz e Joanna de Ângelis, são altamente elaboradas ou "difíceis", porque são destinadas a determinadas áreas do conhecimento humano, nas quais se utiliza um vocabulário apropriado e específico. Entretanto, pontos como a magnitude de Deus como inteligência suprema, de Jesus como o modelo essencial de homem, a noção da responsabilidade e do livre-arbítrio como pilares da Justiça Divina, estão sempre presentes nessas obras e, na maioria das vezes, de forma explícita. A necessidade da oração, questões sobre a lei de causa e efeito e dos méritos e débitos individuais também aparecem com frequência.

Por outro lado, obras de cunho esotérico ou místico, mascaradas sutil e habilmente, não podem ser incluídas no elenco das obras espíritas. É necessário, entretanto, reconhecer que o espiritismo, como síntese dos esforços humanos em conhecer a vida e o mundo, está em tudo, inclusive em obras que versam sobre filosofia oriental, esoterismo e parapsicologia, porém estas não são espiritismo. Este explica verdades comuns em outros sistemas filosóficos existentes, de forma mais lógica e racional, acessível e sem rebuscamentos que ofusquem a clareza.

4. Vocabulário

As palavras "espírita", "espiritismo" e o vocabulário espírita são específicos da doutrina espírita e foram criadas e estabelecido por Allan Kardec porque para verdades novas era necessário o emprego de palavras também novas, desvestidas de significações antigas que não expressavam a realidade nascente da revelação espírita.

Portanto, pelo vocabulário apropriado e corretamente empregado, identifica-se com boa dose de acerto as obras espíritas.

Muitas vezes suspeitamos do conteúdo de uma obra somente pelo título. Por exemplo, se adentrarmos uma loja de artigos como incensos, talismãs e cristais e lá encontrarmos um livro cujo título é "Manual prático para livrar-se de espíritos maldosos" atribuída a um espírito encarnado ou desencarnado, mesmo de reconhecido valor moral e/ou elevados conhecimentos espíritas, podemos estar certos de embuste, pois tal título denuncia falta de caridade e desconhecimento da problemática obsessiva.

Espíritos encarnados ou desencarnados, conhecedores das bases da doutrina espírita, que repousam naturalmente sobre as verdades cristãs, jamais ministram receitas prontas, fórmulas infalíveis para esta ou aquela situação. Por outro lado, se dentro da mesma problemática, encontrarmos uma obra intitulada "Comportamentos envolvidos nos mecanismos da obsessão: mudança de paradigma rumo à libertação" podemos inferir que se trata de uma obra que traz informações e orientações no sentido de conduzir as pessoas à mudança de posturas emocional e mental, que concorre para "parte" da cura, sendo que do ponto de vista espírita a cura do processo obsessivo estende-se necessariamente ao desencarnado, que necessita de auxílio, tanto quanto o espírito encarnado.

Deduz-se, pelos itens abordados, que para o conhecimento e o reconhecimento de uma obra espírita, independente do gênero: romance, conto, poema, investigação científica e outras, é imperativo, antes de tudo, conhecer bem as obras básicas da codificação para que, depois de ter consolidado e interiorizado solidamente os princípios espíritas, se possa aventurar literariamente, portando as balizas indestrutíveis da verdade e dos exemplos de análise crítica que o codificador nos legou, para que se consiga, efetivamente conforme Paulo "conhecer tudo e reter o melhor".

Assim, respeitando a liberdade de consciência e, longe de erigir um *index expurgatorius*, como já houve no passado, é preferível indicar caminhos que facilitem as escolhas daqueles que buscam as verdades da vida, de forma tão clara e segura, como no-la apresentou Kardec. Portanto, seguem alguns parâmetros gerais de reconhecimento de obras de cunho eminentemente doutrinário:

Parâmetros relevantes

1. Linguagem elegante, simples, sóbria e sem rebuscamentos e nem exageros.
2. Vocabulário consonante com o vocabulário espírita, não resvalando para os termos preponderantemente espiritualistas ou místicos.
3. Obras que induzam à simplificação e ao enobrecimento da existência humana, excluindo qualquer tendência mística de encorajamento ao culto de rituais exteriores como: cores de roupas para determinados objetivos ou circunstâncias, energizações por cristais, uso de talismãs, cromoterapia, etc, etc.
4. Obras que mesmo sendo romances, vão além da trama, trazendo sempre ensinamentos úteis com bases doutrinárias.

5. Obras com capas agradáveis e sem figuras que choquem o leitor, causando mal-estar ou remetendo o pensamento para filosofias ou sistemas esdrúxulos e absurdos.
6. Obras construtivas que visam aproximar o homem do Criador e de Jesus, mediante indução a reflexões profundas.
7. Obras científicas que partam sempre dos postulados espíritas e não de pressupostos imaginários surgidos de pensamentos isolados e excêntricos.
8. Obras que tragam o conhecimento do todo e não se detenham preponderantemente em particularidades e individualizações de aspectos que devem ser gerais e universais.
9. Obras que avançam além da fenomenologia pura e que apresentam aspecto ou aspectos fenomenológicos inseridos num contexto mais profundo, perpassado pelas orientações evangélicas e pela moral cristã.

Obviamente sempre podemos ter justificadas exceções a esses parâmetros, bem como subjetividade no estabelecimento das nuances dos limites, situações em que a análise crítica, respaldada no bom-senso, deverá ser o árbitro, fazendo com que se possa encontrar o equilíbrio sábio e justo entre a intransigência e a credulidade inconsequente. Allan Kardec deve figurar sempre aos nossos olhos como exemplo singular de lucidez e do fino equilíbrio que deve conduzir os homens em todos os aspectos da vida.

Devido à importância do trabalho mediúnico na elaboração da literatura espírita, a proposta espírita sempre foi restaurar a dignidade e a sublimidade do intercâmbio mediúnico, apontando a mediunidade não mais como condição patológica, mas como ferramenta de trabalho ascensional e o médium educado como um ser equilibrado e perfeitamente integrado no panorama social.

Jesus propagou a Boa-Nova, sua mensagem evangélica, pelo ensino oral. Seus apóstolos iniciaram sua divulgação com cópias dos evangelhos, a partir das anotações de Marcos e de Mateus. Paulo de Tarso estendeu o ensino, aos mais longínquos rincões, fundando "igrejas" e realimentando-as, na fé, através de suas inspiradas cartas (epístolas).

A missão do Cristo, encarnando-se entre nós, há mais de vinte séculos e trazendo-nos o evangelho, foi a de salvar a humanidade, livrando-a da ignorância pelo conhecimento da verdade ou, mais apropriadamente, pela educação. O processo de Jesus fica evidente ao se analisar a diferença entre o sábio e o ignorante, entre o justo e o ímpio e entre o bom e o mau. A diferença existe porque os primeiros, em cada grupo, são educados, isto é, têm conhecimento, e os segundos não.

A Humanidade terrestre ainda é formada por seres inacabados ou incompletos, relativamente ao objetivo final dos espíritos, como determinado por Deus, que é a perfeição. A evolução, nesse sentido, necessita da indispensável participação dos seres humanos em seu aprendizado pessoal, o que se consegue pelo estudo e pelo desenvolvimento dos bons sentimentos, pois a instrução dirige-se à inteligência, que é fruto do progresso já realizado e os bons sentimentos, são frutos do crescimento moral.

Por outro lado, a doutrina espírita, dezoito séculos depois, revive o cristianismo em sua pureza original e nos "ensina todas as coisas e nos faz lembrar tudo o que Jesus disse a seus discípulos" (João XIV:26). O espiritismo, doutrina salvadora, prometida por Jesus no cenáculo e trazida em meados do século XIX pelos espíritos do Senhor, teve início com a publicação de um LIVRO, a primeira obra básica do espiritismo, editada pelo codificador, Allan Kardec, em 18/04/1857.

O espiritismo é a doutrina da educação completa, unindo ciência e religião em sua tríplice estrutura: filosofia, ciência e religião. Os abençoados espíritos superiores da codificação espírita, através de Kardec, deram início a uma nova era da humanidade - a era do espírito - através do livro espírita.

> O livro espírita é o mensageiro da luz e o pão do espírito, transforma criaturas, modifica estruturas, abala construções, desdobra as possibilidades, os sonhos, as esperanças e fortalece a fé. Desprezado não se apequena, miniaturizando nada perde, simples ou luxuoso vale pelo conteúdo e pelo bem que faz e não pelo custo. Na solidão é companhia, na distração é proveito, na dor é paciência, na mocidade é guia e no abatimento é esperança. Em suma: traz as verdades eternas e é a luz que arrebata as criaturas da ignorância e da desorientação.

Ao falar sobre o livro espírita estamos falando da literatura espírita, que é muito maior do que as obras da codificação, pois é tudo o que se publicou e se publica sobre fenômenos espíritas, sobre a própria doutrina e sobre fatos espíritas reais, imaginados ou romanceados. Então é um vastíssimo acervo de livros, revistas, jornais, crônicas e ensaios no amplo campo do espiritismo.

Falando de obras espíritas e da literatura específica não podemos deixar de falar dos autores espíritas.

A literatura espírita foi e continua sendo escrita por autores desencarnados e por autores encarnados. Sem sombra de dúvidas os principais e os mais importantes são os "espíritos do Senhor", como nos ensinou a chamá-los o discípulo amado, João Evangelista.

A obra fundamental do espiritismo, O *Livro dos Espíritos*, o primeiro livro da codificação, foi escrito e editado por Kardec com as comunicações mediúnicas ditadas pela equipe dirigida pelo Espírito da Verdade, alguns dos quais estão mencionados no final dos Prolegômenos dessa obra. Desde então e até hoje os principais autores espíritas são desencarnados, os mensageiros de Jesus, espíritos superiores, cujas obras são recebidas através da comunicação mediúnica, tal como foi *O Livro dos Espíritos* recebido, em sua maior parte pelas jovens médiuns Caroline Baudin, Julie Baudin e Ruth Celine Japhet.

Em nossos tempos podemos destacar, dentre os muitos autores invisíveis, Emmanuel, André Luiz, Irmão X (Humberto de Campos), Bezerra de Menezes, Meimei, Néio Lúcio, Casimiro Cunha, Joanna de Ângelis, Manoel

Philomeno de Miranda, Victor Hugo, Cairbar Schutel, Charles, Léon Tolstói, Eça de Queirós e muitos outros recebidos tanto pela invulgar mediunidade de Francisco Cândido Xavier, como pelos excelentes médiuns Divaldo Pereira Franco, Yvonne A. Pereira, J. Raul Teixeira, Wanda Canutti e muitos outros bons e bem educados médiuns.

Devo penitenciar-me pela omissão de muitos espíritos superiores e de médiuns, também mensageiros de Jesus, que elevados e fraternos possam perdoar minhas omissões e erros.

Além dos autores espirituais existem muitos outros escritores espíritas cuja obra foi ou está sendo escrita enquanto encarnados. Nesse rol coloca-se Allan Kardec, Léon Denis, Gabriel Dellane, Ernesto Bozzano, Camille Flammarion, Cairbar Schutel, J. Herculano Pires, Hermínio C. Miranda, Martins Peralva, Roque Jacintho, Richard Simonetti, citando somente alguns poucos autores que escreveram ou escrevem sobre assuntos doutrinários. Muitos outros autores encarnados formam a brilhante constelação de autores espíritas sérios, cuja obra vale a pena ser lida e estudada.

BIOGRAFIA DO AUTOR

Engenheiro químico pela Politécnica-USP, 1951, e doutor em Engenharia pela mesma Politécnica (1958).

Assistente-doutor, por 9 anos, na Faculdade de Medicina de Ribeirão Preto, USP.

"Research Associate", em 1959/60, no MIT - Instituto de Tecnologia de Massachusetts, EUA.

Gerente de Controle de Qualidade da Laborterápica-Bristol, Ind. Quím. Farmacêutica, São Paulo (8 anos), e diretor científico da mesma Laborterápica-Bristol (3 anos).

Livre-docente da Faculdade de Filosofia, Ciências e Letras de Araraquara, 1976, e professor titular de Bioquímica Geral e de Biotecnologia do IQ-Araraquara até sua aposentadoria em 1983. Vice-diretor do IQ, 1980-1984.

Início da atividade espírita em janeiro de 1980 na Sociedade Beneficente Obreiros do Bem (SBOB) em Araraquara, SP.

1985 - Trabalhou no grupo de desobsessão SBOB.

1985-1989 - Ministrou cursos e palestras na SBOB.

1990 - Participou da assembleia de fundação do novo centro espírita denominado Sociedade Espírita Kardecista O Consolador, Araraquara, SP.

2002 - Participou da elaboração do Estatuto da Sociedade Espírita Kardecista O Consolador.

2002 - Participou na USE Araraquara, SP.

1990-2011 - Ministrou palestras e cursos na Sociedade Espírita Kardecista O Consolador.

VOCÊ PRECISA CONHECER

O mistério do lago

Pedro Santiago • Dizzi Akibah (espírito)

Romance mediúnico • 16x22,5 cm • 336 pp.

Em um lago, numa região rural do Paraguai, fenômenos estranhos acontecem. Corre pela redondeza a história de que ali ocorre a aparição de bela mulher iluminada por um halo azul, e que, após essa aparição, as águas se transformam e quem a bebe fica curado de sua enfermidade. Alicia, mãe de Ceci, encontrou a morte afogada neste mesmo lago. Anos mais tarde caberá a Ceci, que foi criada pelos avós, a tarefa de esclarecer o que realmente acontece ali.

Herdeiros da imortalidade

Ricardo Orestes Forni

Autoajuda • 14x21 • 192 pp.

O espírito reencarnado tem que participar do mundo material, onde assume responsabilidades. Com as atribulações do dia a dia, esquecemo-nos de quão fortes somos, e que podemos vencer as barreiras que a vida impõe. Nas páginas de Herdeiros da imortalidade mergulharemos na realidade espiritual dos motivos pelos quais transitamos temporariamente no mundo dos homens.

Suicídio: a falência da razão

Luiz Gonzaga Pinheiro

Estudo • 14x21 • 216 pp.

Por qual razão alguém agrede a própria vida? Todo aquele que atenta contra a vida comete um crime brutal contra si e, consequentemente, contra as leis de amor instituídas por Deus. Nesta obra, Luiz Gonzaga Pinheiro analisa o suicídio sob diversos aspectos, desconstruindo a ideia da sua prática, esclarecendo por que sua realização é um erro infeliz.